LI BO
李 波
DING JIE
丁 婕

主编

资本天道
众筹的力量

百花洲文艺出版社
BAIHUAZHOU LITERATURE AND ART PRESS

序
公义与未来

众筹，实在不是什么新的概念。美丽的圣彼得堡城，是过往商船用石头堆出来的；伟大的淮海战役，是老百姓用小车推出来的。众筹的立足点在于"众"，而众筹的成功却在于它的公义。

我们讲互联网众筹，是筹人、筹智、筹钱、筹市场，并以互联网的形式快速匹配，让原本传统体系错配的各种要素快速高效聚集，共同推进优势创新项目的完成，进而让参与者获得公平合理的收益。

在实体经济转型、产业结构调整的今日中国，我们自然应当运用社会的力量来解决创新与发展问题。也只有汇集全球财智，才能迎来更加精彩的中国梦。

所有有梦想的朋友，请你关注众筹吧！它会让你的梦想一步步变为现实。

所有希望帮助别人的朋友，请关注众筹吧！它会让你帮助别人的同时有机会取得合理而高额的收益。

所有希望获得投资收益，又需要控制风险的朋友更要关注众筹，因为众筹平台诞生的逻辑就在于此。

当技术、制度与公义结合，互联网众筹的风起云涌就成了必然。感谢技术的推动者，感谢政策的制定者，更感谢千千万万友爱的心。

因为公义，未来必将美好。

李波

2015年2月7日，Brisbane，太平洋畔

目录

第一章
众筹的起源和在互联网金融时代的进化与爆炸

说起众筹，有太多的故事与感动。如果说没有众筹才导致现代中国的百年耻辱，这就有点过分，但由于严重缺乏现代金融制度，加之腐败和体制落后，大清帝国走下了大国强国的神坛，一蹶不振。

经过四百年沧海桑田，众筹在当代又以全新的面貌和方式火爆起来。2014年被定为中国众筹元年，但是，中国人是否会错过这次众筹和现代金融、互联网技术碰撞的机会呢？

应该说，结果尚未可知。

中国人的众筹之路如此低调：2014年上半年数据显示，发生在中国境内的众筹额度仅有1.8亿元人民币，而它的兄弟P2P却已经"烧"到每月交易额过百亿。是什么在限制中国众筹？我们如何解放众筹？众筹又能解放什么？这是属于我们共同的问题。

【引导案例】

股权众筹：老绥元安家上海

发 起 人：老绥元

发起时间：2014年10月31日

项目状态：众筹成功

融资金额：49万

认投金额：88万

完 成 率：156%

老绥元简介：

老绥元烧麦饭庄成立多年，是一家以经营内蒙古特色美食——烧麦为主兼营地方风味菜系的特色餐馆，是中国烹饪协会会员单位、内蒙古自治区餐饮与饭店行业协会理事单位、内蒙古旅游定点单位、内蒙古美食名店。荣获2010年度"最佳餐饮连锁企业"、"特色餐饮十强企业"，2012年度"首府百姓满意餐饮企业"，2013年度"最具特色满意餐饮企业"、"最具口碑餐饮企业"等荣誉。目前已有直营店20余家。

老绥元烧麦在原材料的采购上严格把关。烧麦的羊肉均采用锡林郭勒盟苏尼特羊肉，肉质鲜嫩、营养无膻、肥而不腻。老绥元经过大胆的研发，将传统烧麦进行改革，完全采用活羊宰杀精选分割部位急冻24小时的新鲜羊肉，并研发出根据羊肉的部位精选出上等顶级部位羊肉、优质精品羊腿肉及优质羔羊肉等，掺入自行研发的营养配方，打造出前所未有的20多种品牌烧麦。

老绥元烧麦品种齐全、原料讲究、风味独特，是内蒙古呼和浩特消费者喜爱的美食。烧麦品种也从低端走向高端，从社区百姓价位到白领高档价位应有尽有。老绥元从原材料的购入到制作加工出成品，经过30多道工序，道道工序都精益求精。老绥元烧麦问世以来，不但受到呼和浩特消费者的厚爱，也受到了来自全国各地游客们的称赞。

为把企业做大、做强，也为了企业加速发展，老绥元烧麦饭庄筹备建立了中央厨房及配送中心，形成标准化半成品加工基地，使加工生产出的产品统一标准化。近几年来，老绥元迈着稳健的步伐，在特色化、品牌化、连锁化的基础上，正朝着大型化方向努力发展。

项目背景：

1. 老绥元烧麦是发源于内蒙古呼和浩特的著名品牌。现有店面20余家，经营状况良好，是由多位自然人与酒店高管（约20位股东）组成的符合餐饮连锁股权结构的公司，主要管理人员均持股，大股东较为集中。

2. 老绥元烧麦有广泛的客户群体以及多家门店。代表内蒙古美食连续三年进入全国人民代表大会与政协会议。2014年3月，在商务部商业地产联盟年会（千人会议）上，与雕爷牛腩等10家餐饮企业被评为2013年度"中国最具成长性商业品牌"。为了拓宽市场，拟与上海、内蒙古部分热心伙伴合作开设老绥元烧麦门店，并进一步探讨对接上海资本市场。

第一节　历史中的经典众筹

也许，历史中的众筹应该从一个中国人至今都讨厌的公司东印度公司说起。

东印度公司始建于1600年，是英国殖民者侵略印度的工具，但真正用众筹方式缔造现代公司制度和现代金融制度的却是荷兰人。

17世纪，是一个波澜壮阔的大航海时代，由政府最高权力许可的商业公司，远渡重洋蜂拥至传说中的东方神秘大陆，寻找诱人宝藏。

1602年，这股夹杂着冒险、征服、探索和贪婪的浪潮快速扩展到荷兰，天性热爱贸易的荷兰人对英国模式立刻进行了拷贝和创新。他们将英国人私募组建公司的方式完全变成众筹，由对特定人群的募资转向对社会大众募资，成立了世界上第一个股份有限公司。这是众筹对社会大众资本一次里程碑式的解放，从此贩夫走卒也有了参与公司投资的机会，使得今天我们倡导的普惠金融在400多年前就得以实践。

话说，荷兰东印度公司刚成立的时候，十分贵族范儿的葡萄牙和西班牙根本就瞧不上，态度鄙夷地觉得这荷兰小弟有点胡闹，居然找了1000多号阿姆斯特丹卖菜大妈、烤面包大叔之类的做股东，简直就是"高大上"的反面典型！可是事实胜于雄辩，面向大众的股票众筹行为，为急需建造大船航行的荷兰东印度公司从普通百姓那里筹集到相当于现在300万欧元的资本。股东中，除了路人甲乙丙，还有荷兰政府（政府以权力作价25000荷兰盾入股）。

这家带有些许草根味道的公司于1602年3月20日正式成立，简称VOC，中文翻译为联合东印度公司。就像它的全球其他兄弟一样，虽然是公司但它却掌握着可怕的现代公司不可想象的政府职能，不但可以开展远洋贸易，还可以自己组织军队，甚至发行货币，最为重要的是，还可以掠夺海外殖民地。我大明王朝著名爱国将领郑成功大人，当时在澎湖和台湾岛上赶走的荷兰人，实际就是这些公司制的殖民者。

这家公司成立5年之后，规模就超过了葡萄牙和西班牙海上舰队的总和，成为风头强劲的后起之秀。到1669年时，荷兰的联合东印度公司已是世界上最富有的私人公司，拥有超过150艘商船、40艘战舰、5万名员工与1万名佣兵，股息高达40%。

当然，在这些骄傲成绩背后，却是强盗式的掠夺和殖民。1619年，该公司新一任野心勃勃的总督科恩到达巴达维亚建立了公司新的总部，为了建立对丁香贸易的垄断，他将班达群岛上的原住居民杀死或赶走。科恩第二次成功的冒险是建立起了亚洲国家贸易体系，将其贸易足迹延展到日本、朝鲜、中国等国。1640年，公司进入了斯里兰卡的加勒，赶走了葡萄牙人，从而打破了葡萄牙人对肉桂贸易的垄断。1658年，公司围攻斯里兰卡首都科伦坡。到了1659年，葡萄牙人在印度的沿岸据点也都被荷兰人夺走了。1652年，公司在好望角建立据点，对公司来往东亚的船员进行补给。这个据点后来变成荷兰的开普殖民地。此外，荷兰还在波斯、孟加拉、马六甲、暹罗（今泰国）、中国大陆（广东）、福摩萨（今中国台湾）、印度马拉巴海岸和科罗曼德海岸建立据点。历史的真相总是善恶参半，单就经济意义来说，这却是荷兰人取得的巨大进步和成功。在17世纪中叶，该公司全球分支机构达15万个，占据全球贸易总额的一半，可以说是霸气十足。

但最重要的一点是，大众参与的筹资行为缔造的荷兰联合东印度公司，也成了历史上第一家上市公司。伴随这家股份公司的出现，荷兰成立了有史以来的第一家证券交易所——荷兰阿姆斯特丹证券交易所，交易唯一的一只股票，当然就是荷兰联合东印度公司的股票。所以说，荷兰人发明的众筹公司，缔造了现代化的公司制度，完全解放了民间资本，使得普通民众分散的小额财富得以资本化，虽不幸成为帝国扩张的工具，但在客观上的确顺手搭建了现代金融生态体系。

同时，因为远洋贸易需要，抵押出现了，保险出现了，期货出现了，在现代金融历史上作为核心的银行和证券交易市场出现了。当时狡猾的荷兰联合东印度公司依靠交易所，得以多年避免给股东分红，因为小股东们可以方便地通过交易所将不断涨价的股票兑换为现金，并发明出最早的股市操纵技术，如"卖空"（卖出自己并不拥有的股票，当股价大跌时再购回）、"卖空袭击"（通过内部勾结合谋做空股票，因其市场恐慌抛售后再低价购回卖空股票获利）、"对敲"（合谋互相买卖股票以操纵股价）、"囤积股票"（囤积或买断某股票，逼迫其他买家不得不高价购入以获利）等等。

更为有趣的是，正是这种众筹建立起来的公司，远洋冒险走错路跑到了当时还是一片荒芜的现在美国的曼哈顿地区，用价值24美元的商品从印第安土著手中换回这片大荒地，并命名为"新阿姆斯特丹"。这正是我们今天称作"纽约"的地方，也是全球金融之都。面向大众筹资的公司基因在那时落地生根，为今天掌握全世界金融秘密的华尔街走向巅峰奠定了基础。

如果没有1602年的众筹，就没有现代公司制。没有现代公司制就没有现代金融。没有现代金融，美国在政治上就无法赢得南北战争的胜利，经济上就不能建立贯穿南北的贸易体系，也就没有今天的美国。

在一些历史学家或经济学家中流传着一种说法，说中国到大清末期，虽然国力衰微，祖宗基业一片狼藉，但国民生产总值一直让列强不敢小视。列一下数据：1870年，中国GDP占世界17.3%，而日本、英国、美国的比重分别仅为2.3%、9.1%、0.9%；到了1900年，中国的比重为11.0%，落后于美国的15.8%，但依然领先于日本的2.6%和英国的9.0%；从占世界制造业产量的相对份额来看，1860年中国与英国相当，分别占19.7%、19.9%，远高于美国（7.2%）和日本（2.6%）；1880年，英国制造业将中国甩在后面，但中美的差距却并不明显；直到1900年，中国（6.2%）才落后于美国（23.6%）、英国（18.5%），但依然高于日本（2.4%）。从GDP数据看，清末中国绝对是世界上的强国之一，虽然不能跟英国相比，但即使到了1900年，中国的经济实力也依然高居日本之上，是世界至少是亚洲强国之一。然而，也是这一年，八国联军横扫北京城，毁掉圆明园，甚至还抢走了几个铜制兽首，使得成龙先生在一个世纪后能有题材拍大片《十二生肖》。

那么是什么使列强击败了大清帝国呢？其实是现代金融制度。

如果说没有众筹导致中国百年耻辱，这就有点过分，但由于严重缺乏现代金融制度，加之腐败和体制落后，大清帝国走下了大国强国的神坛，从此一蹶不振。

经过400多年沧海桑田，众筹在当代又以全新的面貌和方式火爆起来。2014年被定为中国众筹元年。但是，中国人是否会错过这次众筹和现代金融、互联网碰撞的机会呢？

应该说，结果尚未可知。

第二节　解放现代众筹的旗帜

一个伟大行业的崛起，背后总有一部伟大的法案。

这次，也许我们应该把目光投向美国。

2012年4月5日，美国总统奥巴马签订"Jumpstart Our Business Startups Act"法案，即《创业企业融资法案》，简称JOBS法案。该法案旨在通过放松金融监管要求鼓励新兴成长型企业融资，以实现加快经济复苏、创造更多就业机会的目标。

这项法案的签署被世界各国用"震惊"二字来形容。

JOBS法案共有7个部分，其中第三部分将众筹（Crowdfunding）这种具有显著互联网时代特征的新型网络融资模式正式纳入合法范畴，对以众筹形势开展的网络融资活动，包括豁免权利、投资者身份、融资准入规则，与国内相应法律的关系等方面做出了具体的规定。

可以说，这一法案的出台一改美国股权众筹环境不佳、一度遭受他人嘲笑的尴尬处境。后来者总是居上，像麦肯锡这样的全球顶级机构也乐观发声，认为该法案的出台将促使美国出现下一个苹果、谷歌、Facebook这样以理念和技术领先的超级明星公司。而有些传统创投人士也大声疾呼，他们认为投资界的面貌将因此焕然一新，未来人们将依托众筹这一平台彻底颠覆企业传统的融资模式。

为何JOBS法案令人如此惊诧呢？这要从美国证券立法说起。

美国证券市场（股权众筹也应归入此列）的发展最早可追溯到1792年著名的"梧桐树下协议"。到1817年纽约证券交易所成立，以华尔街为代表的金融人士们掌握了各种证券交易坑蒙拐骗的秘密。虽然华尔街造就了无数美国奇迹，但也直接导致了1929年美国经济崩溃。1932年，美国著名总统罗斯福上台，在就职演说中他便表明了推行整顿华尔街欺诈行为、规范证券市场的铁腕政策。1933年，《证券法》递交至美国国会，该法的另一个名字是《证券真实法》。顾名思义，该法案主要用于禁止证券买卖中的不法活动，规定发行证券的企业必须向社会公众公布其财务状况、经营成果和资金变动情况。该法的主要目的是，强制性要求证券发行人对其自身及所发行的证券进行充分、完整的披露，以保障证券发行的真实性和可靠性。

1934年，美国证券法律《证券交易法》随后诞生，它是《证券法》（1933年）的补充法规，主要是对证券交易和场外证券交易做出若干具体规定。其基本目的在于强化证券流通市场的安全性，增强社会公众和投资者信心，防止证券交易中的欺诈行为和市场操纵行为。

至此，美国证券市场在"裸奔"了一个多世纪以后，终于确定了行业内最至高无上的两部法律。大名鼎鼎的SEC，即美国证券交易委员会（United States Securities and Exchange Commission，简写SEC）就是根据《证券交易法》（1934年）成立的，也是直属美国联邦政府的独立准司法机构，负责美国的证券监督和管理工作，是美国证券行业的最高机构。该机构首任主席是罗斯福总统的老朋友约瑟夫·肯尼迪，也就是后来的美国总统约翰·肯尼迪的父亲。从此，华尔街和华盛顿的博弈进入了一个法律约束的新时代。

由此可见《证券法》（1933年）和《证券交易法》（1934年）的历史意义，其地位之高，足以令全球金融界敬仰。它们引领了整个金融世界的证券立法。而JOBS法案令人震惊之处就在于，将一些创业公司的融资行为从以上两大法案中解放了出来。这绝对可以看作是历史性的变革。

JOBS法案最大的亮点集中在两处：

其一，根据该法案，企业可以不必向SEC注册，可以公开进行股权融资。

"公开"二字，简直像蜜糖一样甜美可爱！JOBS法案首先解除了创业企业不得以"一般劝诱或广告"方式非公开发行股票的限制，规定证券发行机构（包括所有由证券发行机构直接控制或共同控制的实体）可以通过公众集资进行证券发行或销售。

其二，JOBS法案给股权众筹平台以"集资门户"的合法地位。

创业企业发行或出售证券应通过经纪公司或集资门户进行。今天的众筹网站就是集资门户的一个具体形态，由此获得相应的法律地位。

众筹模式突破了以往由投行等机构主导的公开发行模式，降低了初创公司和普通公众参与股权投资的门槛，它的角色与传统证券交易商存在明显差异，介于私募发行中介与公开发行中介之间。JOBS法案明确免除了众筹平台登记成为证券经纪商或证券交易商的义务。

JOBS法案为中小企业股权融资的完全市场化在法律上确定了地位，这个成果来之不易。SEC大概耗费了18个月的时间来权衡利弊和颁布修正细则。时至今日，该法案中的敏感部分也还在完善当中。事实上，JOBS法案自签发之日起就伴随着激烈争议，围绕安全和市场效率两方的博弈从未停止过。当SEC在字斟句酌时，媒体常常以"保护华尔街利益"这样的话予以讽刺。然而，金融证券市场从来都是机会与风险并存，因此JOBS法案在解放的另一面则是规范，这也主要集中在两个方面：

其一，对企业融资额度的限制。

其二，对合格投资人的规定。

1. 证券发行机构销售给所有投资人的证券总金额应不超过100万美元（包括交易发生前12个月内以及与豁免权相关联的所有交易金额）。

2. 如果投资人年收入和净资产均不超过10万美元，证券发行机构销售给任何单个投资人的证券总金额（包括交易发生前12个月内以及与豁免权相关联的所有交易金额）应不超过2000美元或该投资人5%的年收入或净资产（以较大者为准）；如果投资人年收入和净资产达到或超过10万美元，则应不超过该投资人10%的年收入或净资产（最多不超过10万美元）。

除此以外，JOBS法案对众筹平台的资格认证也有明确规定，如接受SEC监管，在证券交易协会FINRA（美国金融业监管局）登记。对众筹业务，则划出了几条业务边界，比如，禁止众筹平台为投资人提供意见或建议，禁止劝诱购买，不允许平台经营传统券商所谓的"自营"业务，不得持有自家平台上的证券，不得参与自家平台上的项目（企业）投资，避免私相授受的嫌疑，等等。

越详尽的监管措施，就越会促进市场的公平正义，促进众筹的大市场化发展。然而事情真的如此吗？某些资料显示，美国企业众筹融资成本并不如外界所见一般乐观。以下是一份企业成本清单：

1. 准备向SEC提交的"FormC"报税单，估计每个项目的填写和提交至少需要花费6000美元。

2. 对初创企业管理成员和某些股东的犯罪记录和监管记录进行检查，费用从每个项目几百美元到几千美元不等。

3. 每个项目的注册会计师审阅大致在1000美元，审计费基本上在5000美元以上。

4. 付给众筹平台、证券经纪商或者其他任何证券发行辅助机构或中间人的费用可能会高达筹资额的15%~20%。

然而，SEC时任主席玛丽·夏皮罗在2013年年初写给国会的信中明确提到："使各种类型的公司，无论大小，能够以低成本的方式获得资本对于我们国家的经济发展至关重要……但与此同时，我们必须在撮合资本与保护消费者、维护市场稳定的责任之间取得平衡……如果市场不能让投资者相信他们会受到足够和适当的保护，那么投资者就会对资本市场失去信心，资本交易最终将会变得更加困难，成本也会更高。"

到底有没有一种方式可以兼顾安全和效率呢？JOBS法案是否能催生下一家苹果公司？是否可以在中国催生下一家苹果公司？考验中国监管者智慧的时刻到了！

第三节　互联网金融的新潮流

上帝在神的层面创造了世界，人类则在互联网的层面探索着新未知。相信，进化终会在某一天达成《生活大爆炸》中物理学家"谢耳朵"的愿望：人进化为机器。叫人工智能也好，叫机器人也好，哪怕叫哆啦A梦也无所谓，总之，我们已经生活在了互联网的新世界。

正是基于互联网的发达（尤其是近年来社交工具的快速发展），众筹迎来了它真正解放的时代。工具，再次让人类社会有了质的飞跃。虚拟的网络将人们组织起来，创造了没有出身、种族、性别、年龄和资历的世界。众筹从未像今天这般靠近民众，从未像今天这般可以轻易地被传播和实施。

互联网天生带有众筹的基因。其开源精神，实际就是一种众筹精神。互联网的弄潮儿们是自由、平等、开放价值观的深度追随者。他们创造了基于免费的商业模式。

埃隆·马斯克——互联网时代最牛的人之一，全球瞩目的电动汽车特斯拉的首席执行官，在2014年6月份对外宣布了一个令全球为之震惊的消息。特斯拉宣称，本着开放源代码运动的精神，该公司已决定允许其他公司使用其专利，以推动电动车产业的发展。而就在此时，苹果、三星的专利战争还在全球打得火热。

马斯克同学承诺，特斯拉电动车和电池的知识产权将免费提供给善意使用它们的任何人，这种做法也让特斯拉在汽车制造商中显得有点儿另类。不过汽车制造商加快采用电动车技术，将有助于特斯拉电动车在市场中的普及，而不像现在这样仅以奢侈品的形象面对着一个小众市场。

美国专利与商标局官方网站提供的信息显示，特斯拉目前拥有超过160余项美国专利，包括保护电池组的系统、过量充电，以及电动马达中改进的转子结构等。马斯克的免费策略完全颠覆了传统汽车行业的做法，正如密歇根大学罗斯商学院教授埃里克·戈登所说："汽车制造商传统上一直是把自己的专利技术封藏在地下室，然后又剽窃其他公司的专利。"同时戈登认为，其他汽车制造厂商迄今为止一直把特斯拉视为外来者，马斯克的计划事实上能够被他们接受。

国内知名商业评论节目《冬吴相对论》就曾为此发出过惊呼：中国刚开始学会注重知识产权，人家却开始免费了。在互联网的逻辑里，免费和开源是其重要的撒手锏。聪明如马斯克为何要放弃赚钱机会？唯一的答案是，这样可以帮助他赚更多的钱。

那么，说说基于这种理论的互联网众筹。大家都知道在操作系统的世界里有个大佬叫Windows，造就了全球首富比尔·盖茨。而另外一个同受瞩目的明星叫Linux，它是由林纳斯·托瓦兹创造的，这位同学的天才之处就在于将这款操作软件的开发源代码免费公布出来，吸引无数技术爱好者加入他的开发团队，大大推动了Linux本身的发展。

林纳斯·托瓦兹把这款操作系统免费提供给了任何人。这一举措不仅推动了Linux的发展，还在谷歌开发Android操作系统中一起了一定的作用。谷歌随后把Android免费提供给所有的硬件制造厂商，通过移动广告来获取收入。如今，Android已成为全球最流行的移动操作系统。

虽然，苹果目前依然是广大粉丝们追逐的"神之作品"，但Android凭借其优势在装机量上远远打败了IOS。

2014年被定为众筹元年，众筹凭借无往不利的社交工具取得了史无前例的成功。最典型的例子莫过于冰桶挑战赛，其成功之处就是借助Facebook、微博之类Show工具来点名。该活动传到中国后，媒体人张泉灵点名"国家卫计委"接受挑战，20分钟后该部门勇敢应战，此一行动曾成为传播界的一道亮丽风景线。

也许在某一天，众筹不但解放了经济、爱心、社交等等，还可以解放我们整个国家不同阶层之间的对话方式。

这，也许是互联网的馈赠，也许是我们自己给予自己的馈赠。

互联网金融的黎明已经来临，在路上的我们，勇敢地"且行且珍惜"吧！

第四节　奋起在互联网众筹

在互联网金融快速发展的浪潮下，众筹模式也得到了越来越多人的认可。与此同时，其自身的平台价值和发展潜力也不断地受到资本市场的追捧。

美国知名众筹平台IndieGoGo成功获得包括KPCB在内的几大投资方高达4000万美元的B轮融资，这对于在过去两年获得高速增长的众筹行业而言是巨大的肯定，同时IndieGoGo的成功也给众筹网等国内一批"从师者"们带来一定的启示。

"站在风口，猪都能飞。"当互联网大佬抛出这句话的时候，一定不会想到，仅仅不到一年的时间，互联网金融在国内就取得了飞速的发展，余额宝、百付宝等各种金融产品开始争奇斗艳，以众筹网引领的国内众筹行业也得到了越来越多人的认知。

如果说互联网让金融不再是"高富帅"的专利，通过融入更多碎片化的资金和创造更加方便的理财环境，让更多普通人加入理财大军，那拥有互联网金融和实现梦想双重元素的众筹模式无疑是互联网金融的"神奇小子"——不仅让更多的人有了实现梦想的机会，同时也让更多的人能够成为投资者，得到另外一种收获。

众筹模式，顾名思义，大众筹资的模式。目前主要的运营模式还是通过创业者将自己项目的信息上传到众筹平台，然后由众筹网站的用户即潜在的投资者们进行评估审核，决定是否支持。项目发起人设定投资的内容，资金、物品甚至创意都可以，投资者们在项目募集资金成功之后会获得一定的回报。如果在规定的天数内，募集达不到预定目标，项目将会被视为不成功，之前的投资将会返回给用户。

相对于传统的融资模式，融入更多互联网元素的众筹模式无疑能够得到更多的关注和支持，而因为本身含有梦想的因素，资金回报不再成为投资者衡量项目的绝对标准，这给更多的创业者提供了更多实现梦想的可能。而对于众筹网站而言，随着更多创业者和投资者的涌入，或许除去现在收取项目佣金之外，众筹网站在盈利方面也会有着更多想象的空间。

一、国内外众筹网站的发展分析

众筹的神奇在国内外的表现更加明显，以Kickstarter、IndieGoGo、同筹荟、ASSOB为首的众筹网站正在飞速地向前发展。根据资料显示，2013年全球众筹网站项目中成功融资的突破100万个，总金额突破51亿美元。

众筹网站的鼻祖Kickstarter，去年在整体项目数量仅增长不到2000个（2013年成功融资1.99万个，2012年成功融资1.8万个）的情况下，获得300万人共计4.8亿美元的筹资，相比2012年220万人3.2亿元，总筹资额增长50%。

　　IndieGoGo尽管在体量上与Kickstarter还有一定的差距，但在过去的两年也获得了高速的发展。这家仅有几十个人组成的团队募集的资金来自190个国家，金额增长近10倍，其中Ubuntu Edge更是惊艳亮相，在上线24小时内就募集资金345万美元，创造了速度最快的融资纪录，而创业发明只占到整体的1/3，其他创意、艺术以及个人梦想整体金额会更高。

　　再看国内，以同筹荟为首的众筹平台也在中国特色的互联网发展模式下小步慢跑。根据公开网页数据显示，网信旗下众筹网2013年2月上线，截至2014年2月共计发起众筹项目365个，累积参与人数达到60423人次，共计筹集资金超过1.8亿元。其中2013年发起的"爱情保险"创出了当时国内融资额最高众筹纪录，筹资额超过600万元；"快男电影"项目近4万人参与，创出投资人最多的纪录。

　　实际上，国内外对众筹模式的探索也使得整体发展模式越来越清晰。根据目前众筹平台的项目类型划分，大致可以分为三类：

　　1. 创意、艺术，这些跟梦想更接近，国内很多网站也在这类项目上收获了很多，众筹网就曾经在去年发起电影、演唱会众筹项目获得很多投资。

　　2. 创业、发明，IndieGoGo上有很多硬件创业筹资成功的案例。

　　3. 个人梦想、公益，这类项目往往需要融入可以打动投资者的故事，进而可以拿到更多的筹资。

　　这三个品类在数量上基本上各占1/3，但它们往往都有着相同的特点：一方面项目真实，创业者有梦想，并且在获得支持之后有实现梦想的可能，投资者因此也可以获得相应的回报；另一方面，感情因素的充分使用，通过众筹平台加入更多的人情味，使得这些有意无意支持梦想的行为能够成为推动项目吸引更多人的最佳利器。

而对于众筹网站而言，它们也都需要有相应的对策来保证这些众筹项目的顺利执行。首先，需要创始团队能够保持相应的热情，它们的梦想、价值观会关系到上线项目的质量，甚至会关系到整个网站发展的未来；其次，需要建立完备的诚信体系，这些仅仅通过宣传是不够的，需要在项目审核、资金监管、后续服务等方面都有相关的配套，以此来保证整个平台的安全；最后，需要倡导众筹的时尚，打造更好的产品，通过利用更多感情的元素，将消费和投资的内涵进一步扩大，而不是仅仅局限于将物质回报放到第一。

二、众筹平台在中国

众筹最早进入中国可以追溯到2011年，但是从去年开始，众筹才真正进入大家的视线，随着P2P、互联网金融等概念火起来，作为国外众筹网站门徒的众筹网也因为中国特色而与美国众筹发展有着一定的差异：

1. 法律和文化的差异

在美国，JOBS法案签署后，众筹的模式受到了法律保护，人人都可以作为"天使"进行投资并且可以以股权、资金作为回报的方式；而在中国，众筹目前更多的是物质回报方式，股权众筹模式还是仅仅处于摸索阶段（央行刘士余公开讲话说过，股权众筹不能突破线下模式的200个股东）。

同时中美在文化上也存在较大的差异，国内用户会更多倾向于逐利而非投资，这就使得众筹网站很难让创业者和投资方产生良性互助。因此，这些差异也使得国内众筹在现阶段运营方式略显单一，还没有充分发挥出众筹网站的实际作用。同时对于涉及法律红线的部分，可以跟传统理财公司合作，2013年获得很大成功的"爱情保险"就是众筹网与长安责任保险公司联合推出的。

2. 项目选择上的区别

创新项目的缺失，或许对于现在的众筹网站来说是最为头疼的问题，相比国外那些动辄上百万筹资的硬件明星项目，目前国内在这些方面很难达到这个标准。但国内众筹项目在农业电商方面却异军突起。

近期，众筹网就联合"本来生活"进行了"农业众筹"的尝试，用户在产品上线第一时间就可以享受到最新鲜的产品，双方的共同宣传使得农产品的品牌得到加持和提升，更好地实现资源互通。众筹对于整个国内农业电商的发展和农产品的质量提升起到很大的促进作用。

3. 盈利模式的探索

实际上，国内外对于众筹模式的盈利也都处于探索阶段，但不同点在于，Kickstarter目前是收取5%的项目资金，IndieGoGo收取4%，而国内的众筹网站因为还处于起步阶段，需要建立初期的信任机制，拉动更多的创业者和投资者，所以大多数还是免费的。这其实也符合国内互联网产品免费的大环境。

但国内众筹网站也在进行相关的探索，众筹网目前收益模式会因行业而不同，例如在娱乐方面可以有相关的衍生产品，在创业方面可以逐步发展为资源提供平台，甚至成为孵化器，给创业者提供配套的解决方案等等。

无论怎样，2014年互联网金融发展的火热仍然会延续下去，套用IndieGoGo创始人的一句话，"资金终究会流向大众"，众筹作为最具发展潜力的行业也势必会插上更有力的翅膀。

世界银行最新报告称，中国会在2025年成为世界上最大的众筹投资方，为这个预计达960亿美金的市场贡献近一半的资金（459亿—501亿美金），这基本上是2012年整体风险投资额的两倍。相信这个数据可以让众筹网站们感到欣慰。

人人是天使投资人，或许用不了太久的时间就可以实现。

第二章
从历史的深处看众筹

【引导案例】

产品众筹：最美丽的负离子空气净化器

发起平台：同筹荟

发起时间：2014年12月3日

发 起 人：陈钰

项目简介：

优山美地的室内空气净化器是能够吸附、分解或转化各种空气污染物（一般包括粉尘、花粉、异味、甲醛之类的装修污染和细菌、过敏原等），有清洁度的产品，是改善室内空气质量、创造健康舒适的办公室和住宅环境十分有效的方法。

其主要工作原理是利用负离子发生器、臭氧发生器。其价格低廉，功能多于清新剂，能增加空气中离子数量和降低空气中固态尘埃，有杀菌作用，但对分解甲醛等有害气体作用不大。臭氧发生器产生大量高浓度臭氧，在杀灭一些病毒细菌的同时也可能杀灭人体白细胞，有导致癌变的可能。负离子易吸附灰尘，从而黏附在车厢内壁、顶棚，导致内饰车厢特别是浅色车逐渐变成灰黑色。

其主要为复合式净化器，过滤效果较好，能明显降低空气中固态尘埃，但价格较高，且其过滤装置使用一段时间后就要更换，无法再生，对有害气体基本无作用。耗材多，使用成本高。换下的滤芯涉及无害处理的困难。

项目状态：

众筹成功。共10人次参与到此次众筹项目中。共众筹资金人民币5321元。超额完成106%。

第一节　众筹从线下到网上

一、线下众筹的经典

1713年，英国诗人亚历山大·蒲柏着手将15693行的古希腊诗歌翻译成英语。他花费近5年的时间完成了注释版的《伊利亚特》，该译本被第一部现代英语词典的编纂者塞缪尔·约翰逊博士称为"世界前所未见的高贵的诗译作"。蒲柏因此获得荣誉与经济的双丰收，荣登英国桂冠诗人的宝座。这个项目得以成功完成，离不开蒲柏创新性的运作方式——初露端倪的众筹。

启动翻译计划之前，蒲柏即承诺在完成翻译后向每位订阅者提供一本六卷四开本的早期英文版的《伊利亚特》，这一创造性的承诺带来了575名用户的支持，总共筹集了4000多几尼（旧时英国的黄金货币）去帮助他完成翻译工作，这些支持者（订阅者）的名字也被列在了早期翻译版的《伊利亚特》上。

类似的众筹项目还发生在1783年，莫扎特想要在维也纳音乐大厅表演最近谱写的3部钢琴协奏曲。当时他去邀请一些潜在的支持者，愿意向这些支持者提供手稿。第一次寻求赞助的工作并没有成功。在一年以后，当他再次发起众筹时，176名支持者才让他这个愿望得以实现，这些人的名字同样被记录在协奏曲的手稿上。

上述案例说明了众筹在西方的悠久传统。这些案例同样说明了传统众筹的一些典型特点，例如：主要集中于文学、艺术等创意类领域；项目发起人具有较高的声誉或拥有较强的信息传播途径；投资兼具商业与慈善目的，既有预付费性质，又常带有资助和赞助性质。

二、互联网众筹的诞生

美国网站Kickstarter是当今影响力最大的众筹网站，也被许多人认为是互联网众筹的起源地。事实上，世界上最早建立的众筹网站是ArtistShare。它于2001年开始运营，被称为"众筹金融的先锋"。与西方众筹的历史渊源相吻合，这家最早的众筹平台主要面向音乐界的艺术家及其粉丝。

ArtistShare公司的CEO创建这家公司时的想法是支持粉丝们资助唱片生产过程，获得仅在互联网上销售的专辑。艺术家则可以获得更加合意的合同条款。艺术家通过该网站采用"粉丝筹资"的方式资助自己的项目，粉丝们把钱直接投给艺术家后可以观看唱片的录制过程（在很多案例中，粉丝们还可以观看"特别收录"的内容）。

2005年，ArtistShare为富于创造力的艺术家服务的全新商业模式受到广泛赞誉，它通过新颖的原创项目筹措渠道同时惠及艺术家和粉丝，并创造了一个坚定、忠诚粉丝的基地。同年，美国作曲家Maria Schneider的《Concert in the Garden》成为格莱美历史上首张不通过零售店销售的获奖专辑。该专辑是ArtistShare的第一个粉丝筹资项目。Schneider因为该专辑获得4项格莱美提名，并最终荣获"最佳大爵士乐团专辑"奖。

2005年之后，众筹平台如雨后春笋般出现，例如Sellaband（2006年）、Slicethepie（2007年）、IndieGoGo（2008年）、Spot.Us（2008年）、PledgeMusic（2009年）和Kickstarter（2009年），这显然是ArtistShare起了强大的示范作用。或者说，ArtistShare作为首家互联网众筹平台，不仅深刻影响了美国音乐界，而且开启了互联网众筹时代。

第二节　众筹是人类历史上的重要发明

马克思曾经说过，股份公司是人类历史上最伟大的发明，而如今众筹可能是人类历史上第二个伟大的发明，想象空间无限巨大。众筹不只改变金融格局金融模式，还可以改变人类的生产生活方式，改变产业模式和商业管理方式，这是众筹比互联网金融更伟大的地方。所以，众筹金融会取代互联网金融，因为众筹概念比互联网金融概念更大、更具有颠覆性。在日本，有一些金融市场发展和转型的理论和市场模式。日本跟中国最接近，是以银行为主体间接金融市场的国家，但其不断地学习美国和英国，逐渐实现了从以银行为主体间接金融市场的国家转向以资本市场为主体的直接金融市场的国家。

不管当前的影子银行也好，互联网金融也好，其实无非还是处于一个金融市场的过渡时期、转型时期，只是表现得更为丰富而已，但无论怎么表现都离不开这两种形式：第一种是集合理财型，大家把钱集合到一块儿去投资；第二种是没钱但有各种资产或权益，然后把这些资产和权益通过资产证券化、流动化，再通过各种方式获得融资。未来在中国最大的市场就是第二种类型，中国经济未来就在于怎样盘活存量资产，最大的手段就是资产证券化。这在国外已经被证明是最主要的手段，而中国才刚刚开始。

关于众筹的历史和发展，大家都很熟悉。众筹在美国成为商业模式其实时间并不长，也就十几年。其实在古代中国，像和尚化缘，像乞丐乞讨，像浙江宁波、台州等地的标会、抬会等都是众筹。众筹其实最符合中国的文化和传统思想，符合中国国情。美国、英国等发达国家用互联网把中国的这种众筹思维结合到一起，才有了现代众筹。

P2P也是一种众筹，是债权众筹，并有各种模式，脱胎于传统的P2P，更加"屌丝"、大众化。股权众筹以北京的天使汇、深圳的大家投、上海的爱创业、四川的麒麟众筹等为代表。众筹还有其他不同的模式，比如回报众筹、产品类众筹、团购、微电影、房地产众筹、养老众筹、农业众筹。总之，可以形成混同型复合型众筹模式。互联网金融、众筹的发展更加证明了大金融理论和笔者提出的金融统合理论，即更加混同、混业的发展趋势。互联网金融发展的必然趋势就是必须产品混同、大混业、大融合。做债权、股权、

P2P、第三方支付、保险、信托，都可以混同在一起，这样才能开发出最好的金融产品，提供最好的金融服务。

有人说，众筹和团购非常类似，将来会出现大洗牌，如同前几年团购由几千家变成几十家。但笔者认为众筹不会这样的，因为互联网金融、众筹金融是金融，不是互联网，不要用互联网的思维和套路去套互联网金融和众筹。第一，众筹符合国家的金融市场发展格局和趋势；第二，众筹具有互联网精神。众筹不仅是筹集资金，还是人脉、资源、智慧、知识、哲学、文化的众筹，能够体现符合东方文明的中国化。

目前证监会、银监会也在制定关于众筹融资（P2P和股权众筹）的管理暂行办法，全国人大也在修改《证券法》。这些草案内容肯定要借鉴国外的立法经验。股权众筹平台需要规制，注册或备案，必须受监管。金融创新除了立法、政府监管之外，必须强调行业协会的自力监管。

刚刚说到集资的风险，一开始中国为了防止非法集资，采取团购预售的方式、采取捐赠类的和奖励类的比较多。尤其是郭美美事件影响红十字会的公信力，因此，未来通过互联网，通过众筹，进行公益众筹是趋势。这样将会更加透明、低成本。根据调研，全国各地有很多模式，有互联网模式中的人人投模式等。1898咖啡馆模式是其中比较成功的，完全是一种线下、私募的方式，通过校友资源，找到200个企业家。200个经过慎重挑选，产生1+1大于2的作用。咖啡馆是一种纽带、方式，将这些人结合在一起，可以爆发出更大的作用，产生很多新的项目。成都的许量被称为"民间借贷之父"，有一本书叫《借贷》。他们正在采取众筹模式进行《借贷》电影的拍摄等。另外,民间借贷的企业家面临着如何转型、如何利用互联网的技术使民间借贷互联网化的问题。还有行业协会的模式、土地流转模式、土地众筹模式等等。当然,这里面有很多法律的风险,非法集资、知识产权、非法挪用等等。非法集资的风险来源有资金池模式的风险、骗局的风险。非法集资和股权众筹的本质不同就不展开了。风险有资金池的风险、挪用的风险、信用的风险、知识产权的风险、系统性的风险等。

另外,完善立法、风险提示、信息披露、资金的托管,这都是在立法中要提出来的。全国人大正在启动电子商务法的立法,其中专门有关于电子支付立法的一章。

众筹是人类的重要发明,对于当下中国具有特别的意义。30年前,我国导入股份制,实现了国有企业的改革,真正开启了改革的大门。30年后,我们的改革进入深水区,贫富差距扩大、社会发展不均衡、资源浪费、环境污染、食品不安全等等。这些问题是对我们建设中国特色社会主义的巨大挑战。而众筹,通过互联网,一定程度上实现了平等、民主、自由、开放,有助于解决当前的贫富差距扩大、金融服务不到位等改革深层次问题。

第三节　众筹模式中的三种角色

如果把人与人之间的关系与内容交织在一起的网络称为Web2.0,那么社交网络与"一部分人资助另一部分人"的募资方式,在某种意义上可以称之为Web3.0。构成众筹模式的角色可以分为筹资人（项目发起者）、出资人（公众）、众筹平台（中介机构）。

（一）筹资人（项目发起者）

筹资人通常是个体或者小微企业，他们急需资金来解决创业或项目中遇到的问题。但也有部分个人或企业并不以筹集项目资金为目的，而是为了加强与目标受众的交流，强化目标受众的体验，达到项目初期的市场分析与研究、产品宣传推广与预售等额外目的，以期在产品推出市场后，获得更好的市场效果。

筹资人为了可以和筹资平台合作，首先要具备基本的条件（年龄、资质、学历等），其次需拥有对项目的自主权和控制权，最后在筹资前需要和筹资平台签订合同，明确甲乙两方的权利和义务。

（二）出资人（公众）

在互联网上，出资人已经不受地域的限制，只要拥有网络支付能力，便可以成为出资人。数量庞大的互联网用户都可以成为天使投资人。待出资人投资的项目成功后，出资人的回报不是钱，而是一款产品，例如可以是一个创意音响，也可以是一场产品发布会的门票或者一张电影票。

出资人资助筹资人的过程是购买产品资金前移的过程，这个过程使得筹资人迅速找到了目标用户即出资人，也使得出资人参与到产品生产的过程中。这既提高了产品生产和销售的效率，也可以迅速获得出资人的个性化喜好和小众化需求。

（三）众筹平台（中介机构）

众筹平台为出资人和筹资人提供了一个项目发起和资金投入的平台，所以它需要监督并辅导筹资人，也要维护出资人的利益。多重身份决定了众筹平台责任重大、功能强大的特征。

首先，众筹平台必须依照法律法规，采用互联网技术，将筹资人的项目信息和融资要求发布到网络，并且保证信息的正确无误。

其次，吸引更多的出资人来为自己认同的项目出资，并提供良好的网络支付工具或方式。

最后，在项目筹资成功后，要监督、辅导项目的展开；在项目失败后，筹资平台需要督促筹资人承担一定的责任和义务，比如将资金退回给出资人。

第四节　中国式众筹的探讨

众筹模式在中国起步较晚，2011年下半年国内第一家众筹平台——"点名时间"正式运营。随后淘梦网、乐童音乐、众筹网等几十家各种类型的众筹平台在国内成立。这些众筹平台利用互联网的传播特性，让中小微企业、个人在其平台展示自己的想法和产品，争取得到公众的关注和支持，最终获得资金援助。

在中国，如果各众筹平台要走出一条和美国完全不同、真正属于自己的道路，需要对以下几方面进行探讨：

1. 国内的信任问题是影响融资规模的重要因素

截至2014年8月31日，点名时间融资超过百万的项目为6个，融资超过50万的项目为4个，超过10万的项目为68个，其他大部分项目都低于10万，如此数额必然无法满足创业者的资金需求。而众筹模式是基于信用的新型商业模式，但由于国内互联网环境中信任感缺失，这些融资项目获得了曝光却没有获得足够的资金。

为了培育适合中国众筹平台发展的土壤，需要让众筹发起者与支持者的沟通通畅，进而解决人与人之间的信任问题。同时筹资平台必须担保和监督整个项目的完成，把整个流程透明化，保障支持者的利益。

2. 众筹平台的安全边际

证监会曾召开会议，将部分公司利用某些互联网平台擅自向公众销售公司股权的行为定性为一种新的非法证券活动，使得众筹平台是否涉嫌非法集资成为其在发展道路和运营方法上必须要重点关注的问题。

2012年4月5日，美国总统奥巴马签署了《创业企业融资法案》，该法案中的众筹赦免条款，使创业公司可以通过众筹平台向大众进行股权融资，为了保护公众投资人的利益，做出了诸多规定：融资人的法律责任、信息披露的要求、众筹平台不得从事的活动。而在中国，整个金融法律仍然不健全，对互联网金融的立法还需一个漫长的过程。

3．众筹平台需要为创业者提供更多的增值服务

显然，国内创业者缺乏的不仅仅是资金，他们更需要其他服务：创业指导、行业人脉、运营管理等综合的创业服务。但目前国内几乎所有的众筹平台都不具备这种能力，这些平台运营模式相近，同质化竞争严重，想要从上百家众筹平台中脱颖而出，相当有挑战性。

走向"众筹+增值服务"，淘梦网是一个很好的案例。曾经专注于微电影，后来增加了电影的发行、拍摄服务，将公司的盈利点从抽取众筹佣金转向收取营销、发行费用。

4．众筹平台在中国的发展趋势

众筹平台自进入中国，就已经走出了一条不同于美国的道路。从发展趋势上来说，将呈现以下几方面：

（1）随着众筹网站的不断增多，创业者和投资者会更看中平台专业化。

（2）通过网站的人气和引流，在线下组织一场众筹活动。

（3）作为资源整合平台，将项目、供应链、VC结合起来。

（4）转型为孵化器，直接投资平台上的优秀项目。

"众筹"一词并不新鲜，之所以被认为是互联网金融的一项创新，是因为众筹平台借助互联网为创业者提供了更丰富的资源。中国的众筹平台目前还是在婴儿期，进一步发展有赖于各种因素：创业者、支持者、市场环境、法律规范、金融监控、税收等。只有处理好这些问题，才可以为众筹的发展提供优良的土壤，进而为创业者提供更优质的创业融资环境。

第三章
众筹——千年筹资方式的互联网新玩法

近几年，众筹正在以难以估量的发展速度在全球范围掀起一场新金融革命。在这场具有跨时代意义的革命舞台上，走在最前面的显然是北美和欧洲的那些发达国家，他们以超高的增长率不断刷新着众筹所能发挥的规模和能量；而在亚洲的那些发展中国家，也在加速并力图缩短与北美、欧洲发达国家的差距，探索着发展中国家的众筹新模式。

在2012年有超过100万个众筹项目成功地筹集到资金。从筹集的资金总额来说，整个市场的增长率从2011年的67%增加到了81%，共筹集了26.7亿美元的资本。要更好地理解众筹的发展，我们需要从微观上来研究众筹，研究众筹发展的触发器，即"三级加速器"。当人们开始寻求支持时，最初的对象是那些与众筹发起人关系密切的人，如朋友和亲人。获得他们的支持可以达到几个重要的目的：

第一，完成初期积累，尽管这个积累很有限。

第二，让其他人看到众筹发起人是正直的、可以信任的。

第三，让众筹发起人可以将众筹的影响逐步扩展到初始的网络之外。

最后，可以快速提升众筹的扩展效应，假如项目能吸引众人的投资或者关注，则可以让项目的发展呈指数化的增长。强调"三级加速"是因为为了能够获得陌生人的快速支持，项目需要吸引那些与项目发起人有三级或三级以上社会联系的人，即发起人的朋友（一级）的朋友（两级）的朋友（三级）。与微观层面上的众筹发展类似，宏观层面上的众筹也遵循同样的发展轨迹，这也就解释了众筹在全球得到快速关注的原因。

尽管众筹已经在很多国家得到了快速发展，但是北美和欧洲的平台所筹集的资本规模还是远大于全球其他地方的。2012年，北美的平台总共筹集了超过16亿美元的资本，实现了105%的年增长率。2011年，这个增长率只有86%。欧洲2012年筹集了9.45亿美元，实现了65%的年增长率，也超过了其2011年的增长率42%。北美市场增长率更高的原因之一可能是其统一的语言系统，让众筹在本地市场的影响范围更大，尤其是在美国市场上。对于商业企业来说，众筹是一个相对较新的概念。而整个市场则从慈善基金的众筹逐渐发展为支持有回报的企业投资。因此，全球的众筹资本分布也会因为商业企业的进入而开始发生变化。北美和欧洲占据了95%的全球市场。而亚洲和大洋洲也在加速发展，2012年的众筹额度分别是5000万美元和1亿美元。对于金融市场发展相对落后的地区，众筹显然更有可能展示出它的颠覆性。南美洲、非洲和亚洲受益于小额信贷创新性的激励，可能会对众筹采取更温和的管理方式，并希望通过这种新的金融工具来加速创业型风险投资在本地的发展。因此在南美洲和非洲，众筹活动也正在启动中，预计发展速度会超越那些已经有众筹的地区。总体来说，北美和欧洲以外的众筹市场的年增长率2011年为59%，2012年则达到了125%。

【引导案例】

众筹式的阿里巴巴

如果盘点2014年娱乐产业中最大的创新，那么一定非影视众筹莫属。

2014年3月，阿里巴巴推出了一个全新的产品项目——娱乐宝，打着"全民娱乐，你也是出品人"的鲜明旗号，娱乐宝在3月31日至4月3日间在线狂售7300万元，参与认购者超过30万人。而这笔募集资金将全部投给《小时代3》《小时代4》《狼图腾》《非法操作》四部电影，以及一个网络社交游戏《魔范学院》。

在此前很长的一段时期内，影视业的融资局限始终都是一个问题。一位浙江影视公司的老总曾向《21世纪经济报道》记者抱怨："公司是很难向银行要到钱的，因为银行贷款需要固定资产做抵押，但是影视公司都是轻资产公司，很多连导演、演员、器材都是临时请的或者是租赁的，传统企业的融资渠道对于影视业而言根本就不适用。"

事实上，此前，除去有实力的上市公司，很多中小影视公司只能通过民间举债或是吸引如山西煤老板、地产开发商这类私人投资者充当前期的股权投资方。热钱虽是来了，但随之而来的副作用则是电影品质的骤然下降。业内经常传出某个煤老板点名要自己女朋友担任主角，并出席外国电影节开幕式，否则便收回投资。

但这样的情况在2014年几乎销声匿迹了。随着阿里巴巴率先推出娱乐宝，其他互联网公司以及金融机构选择了迅速跟进。百度在9月份抛出了"百发有戏"的电影众筹计划，随后浦发银行又在12

月1日推出了"小浦娱乐"平台，以虚拟资产投资徐峥新电影《港囧》。

阿里首开众筹先河

从2014年3月的第一期娱乐宝，到12月第四期娱乐宝的面世，阿里巴巴在一年之内推出了四个公开募集资金的影视众筹产品，显然已经在其中尝到了甜头。

从娱乐宝一期开始，阿里巴巴就表示，只要出资100元即可投资热门影视剧作品，成为电影或电视节目的出品人，而娱乐宝对比市面上一般理财类产品也有着相当可观的7%预期回报率。

在具体运作上，阿里巴巴与国华人寿进行合作，"国华华瑞1号终身寿险A款"投连险进行具体资本运作。阿里巴巴公共关系总监顾建兵曾向《21世纪经济报道》记者表示，娱乐宝一期是一个阿里巴巴主导，和国华人寿一起设计的投资产品，双方差不多酝酿了有半年左右的时间，而7%的预期收益率也是保险精算师给出的数字。

从现有的结果来看，娱乐宝一期的投资无疑非常成功，其投资的4部电影中，《小时代3》已于2014年7月上映，最终票房约为5.2亿元，成功跻身当年国产十大电影票房榜。

而娱乐宝斥资2400万元投资的另一部著名小说改编的电影《狼图腾》，已在2015年2月贺岁档上映，这部由法国导演让-雅克·阿诺执导，冯绍峰、窦骁等人主演，中影股份出品、中法联合拍摄的恢弘巨制也收获了很好的票房。

在一期售罄的两个月后，娱乐宝第二期迅速面世。第二期募集资金9200万元，投资《露水红颜》《绝命逃亡》《边缘线》《老男孩之猛龙过江》《魁拔Ⅲ》等5部电影。其中《老男孩之猛龙过江》在2014年7月上映，除获得了2.1亿元的不俗票房成绩外，电影主题曲《小苹果》还因此一炮而红并获得第42届AMA全美音乐奖年度国际最佳流行音乐奖。

2014年9月15日，娱乐宝再次发售第三期。阿里方面宣布，娱乐宝第三期将绑定东方卫视旗下的《中国梦之声》第二季，为其融资1亿元的额度。这是自2014年3月娱乐宝平台上线以来，首次与电视节目合作，也是中国电视史上第一档全民投资、全民参与的电视综艺节目。

2014年12月9日，娱乐宝四期开始募集，共获资金4000万元，投资项目包括脱胎于综艺节目《爸爸去哪儿》的电影《爸爸的假期》，以及徐静蕾新片《有一个地方只有我们知道》。

从效果来看，娱乐宝的出现不仅仅满足了影视业的融资需求，更通过阿里巴巴在互联网耕耘多年后拥有的海量客户资源和大数据与影视业进行了资源重新整合，由此激发出巨大的新能量。

百度折戟《黄金时代》

就在阿里用娱乐宝敲开电影大门的5个月后，2014年9月，百度、中信信托、中影集团已达成影视文化产业金融众筹平台的战略合作，该众筹平台首批产品"百发有戏"瞄准了汤唯、冯绍峰主演的电影《黄金时代》，以及赵薇主演的电影《致我们突如其来的爱情》等影片。

百度百付宝公司总经理章政华表示，百度将打造互联网众筹平台，并且将从影视众筹项目发力。电影作为大众化产品，用户参与门槛低，且容易形成共鸣；同时最为关键的是，电影的用户群覆盖很广，并且与百度的用户群体高度重合。

百度选择发力影视众筹另一个原因在于，这些参与众筹的用户，也是最终消费电影产品的用户，是电影票房的重要保证。在创作阶段，可以让用户参与共同设计内容，剧本的创作、演员的甄选、场景的设计，都可以让网民参与决策。在营销阶段，可以通过各种服务项目，引爆用户持续关注和消费的热情。

与阿里相似的是，百度也不约而同地将宝押在了知名艺人和制片方的身上。从当时来看，电影《黄金时代》由中影集团和星美集团联手打造，又由炙手可热的电影女神汤唯和当红小生冯绍峰领衔主演，票房预期自然不在话下。

百发有戏也财大气粗地表示，用户购买该款产品6个月之后，将根据《黄金时代》电影票房情况，低于2亿元、3亿元、4亿元、5亿元、6亿元，高于6亿元，分别对应8%、9%、10%、11%、12%、16%的年化预期权益回报。

但令市场与所有投资方吃惊的是，《黄金时代》这类艺术表现手法复杂的文艺大片并不被观影市场所接纳，这部斥资7000万元打造的巨作，最终票房仅仅5200万元，这让百发有戏方面，首战告负。

当然，百发有戏还有机会通过赵薇的《致我们突如其来的爱情》打个漂亮的翻身仗，毕竟前部《致我们终将逝去的青春》在2013年上映时曾取得了口碑与票房的巨大丰收。

但即便如此，百发有戏的案例也足以给所有后进入影视融资的投资方们敲响警钟，不论融资形式如何多变，影视投资的高风险从来不曾改变。

第一节 产品众筹

产品众筹，首先为一个产品预付一定的费用，当这个产品开发出来或者正式上市后获得这个产品，属于产品购买的预付费模式，在一定基础上众筹的人可以参与到产品的定制与开发里，提供一定的建议，在某种程度上这属于产品的C2B预售定制模式。目前国内主流的众筹平台的项目一般都是以这种产品式众筹为主，例如众筹网、追梦网、点名时间等。每一个众筹平台都有自己的优势或者擅长的地方，一个有梦想的人把自己的思路通过众筹平台展示出来，而一些众筹平台上的会员支持这些人的梦想，提前付费，并且参与到这些项目的定制中来。也就是说让消费者提前参与产品的设计开发，将消费与生产链接在了一起。在现有的生态圈下，消费者与生产者是基本没有联系的，一件商品要经过原材料生产、设计、制造、运输、代理销售、零售平台销售等一系列环节最终到达消费者手中，而众筹的出现让消费者在生产前就已经与生产环节产生了联系，形成了消费的闭环。

另外一个典型的产品众筹不是存在于众筹网站里，而是存在于电商平台中，最典型的案例就是农产品的C2B预售式购买。当水果还没有成熟或者还在果园里时，就让会员先付费购买。当水果成熟时，将水果按照地址快递给预购的会员。这对双方都有极大的好处或者价值：一方面农户可以一开始就锁定销量，可以针对这部分销量进行高质量的采摘和服务；另外对于购买者来说可以在第一时间吃到品质有保证的物美价廉的农场直销的水果，亲自体验原生态水果出炉的全过程，这是另外一种全新的体验。

产品众筹与团购

产品众筹是利用互联网和SNS传播的特性，让创业者对网友展示创意，争取大家的关注和支持，同时用预购的形式，向网友们募集新产品的生产资金。团购是指来自不同方面的消费者联合起来，加大与商家谈判的能力，以求得最优价格的一种团体购物方式。虽然产品众筹与团购都是产品的批量购买和销售的方式（与集资无关），但有着显著的不同点。

首先产品众筹是针对还未面世的产品，支持者参与到新产品的设计当中去，对新产品的性能或服务提出自己的意见；团购则针对现成的产品，消费者参与是为了购买成品。正是因为如此，产品众筹购买的都会是首发的全新产品；团购则不同，往往都是成熟的批量化产品。众筹产品还没有生产出来，需要先付认筹款，约定交付条件。团购是商家的促销行为，商品现成，货到付款也很常见。从这个差异点，我们可以发现，市面上有很多披着产品众筹外衣的项目，商品已经定型，用户根本没有什么参与点，这些项目只是在找首批用户和种子用户，让用户花钱提前购买产品而已，本质上都是促销行为。

其次，根据惯例，产品众筹一般都会有个约定，只有支持人数和购买总量超过了基本门槛，本次众筹才算成功，预购的资金就会转移到创业者的项目那里，去实现新产品的生产和完成预购的行为。否则，众筹不成功，已缴纳了的预购资金还需要返还给支持者。团购则不同，一般设计好了团购产品，多少份都卖，来的都是客，卖得越多越好。

其三，也是我最想说的，产品众筹与团购存在商业逻辑上的根本不同。商品团购利用的是规模效应，集合了类似顾客的相似需求，利用商品的通用性，尽可能扩大商品的采购规模，有效降低采购成本。产品众筹则是针对性地满足潜在顾客的个性化需求，将特殊的需求集中起来，达到可经营的规模。产品众筹在新产品的设计上，了解顾客的需求，只有满足了支持者的需求，有了一定的预订量并收到预订的款项后，才会进行生产。

因为上述的不同，我们可以从顾客的购买动机分析出一个有趣的现象。顾客在购买产品时，总希望成本降到最低，又希望从中获得更多的实际利益，因此在选购产品时，往往从价值与成本两个方面进行比较分析，从中选择出价值最高、成本最低，即顾客让渡价值最大的产品作为优先选购的对象。商品团购是利用规模效应来降低采购成本，而产品众筹是设法提高产品对顾客的价值。

产品众筹的商业逻辑在一定程度上说是将传统的价值链颠倒了过来，起点是顾客，参与设计的也是顾客，提供了从支持者到设计者再到顾客的价值链。顾客购买产品都是为了解决其现实和长远的问题，解决效果越好，程度越深，这些产品对顾客的价值就越高。利用产品众筹模式与顾客进行深入交流，使得创业者有机会获得顾客深层次关注的问题和解决这些问题的方案与产品，从而奠定创业的基础。

第二节 公益众筹

公益众筹发展迅速，很快成为非营利组织获取捐款以帮助有需要的人的主要途径。今天，公益众筹项目在不同的平台快速发展，向那些在生活当中遭遇到不幸的人们提供基本生活和金钱上的援助。非营利组织的长期众筹项目也渐渐变得越来越普遍。

2013年春天，发生在波士顿的爆炸事件是一个很好的公益众筹的例子。该事件中，两百多人受伤，很多人失去了双腿，同时失去工作能力。很多关于这个事件的众筹项目在不同的平台发起，带动了受难者的亲人、朋友，甚至是陌生人捐款。例如GoFundMe、IndieGoGo和GiveForward，都在这次活动中起到了关键的作用。在今天的美国，很多家公益众筹机构得到了很好的发展，也有更多的平台在世界各地建立起来。基于情感因素和互联网的广泛传播性，当世界各地人民遇到困难、遭遇不幸的时候，这些公益众筹网站便可以跨越地理条件的限制，为有需要的人提供帮助。Watsi，一个非营利组织，建立一个低耗高效率的众筹平台，为世界上需要医疗帮助的人提供帮助。这个网站会将100%的捐款捐出，并且它的网站维护费用由一些大型的互联网公司免费提供，如Stripe、Heroku、Google、Teepring等。这些公司都通过这个网站来回报社会和帮助世界各地需要医疗帮助的人们。Kiva提供借贷服务，但是并不从中抽取利益。它通过借贷人的无偿捐助来运营。通过网络的力量和它的小型资金机构，提供P2P借贷服务，为那些不方便到传统银行去的人们提供了便利。这个网站的还贷率高达99%。在2013年，公益型借贷项目达到了45000个，募捐金额高达3亿美元。在这个平台上，人们可以发起各种形式的募捐，为你所关心的人发动医疗募捐，或者是为当地慈善机构募捐，甚至是为一次有意义的旅行。如果你觉得你的故事足够扣人心弦，你可为任何人在这家网站发起募捐。现在已经有几家平台在做类似的众筹，Crowdtilt已经成功帮助了10万人。

毫无疑问，中国的公益捐款不应仅仅局限于企事业单位和组织捐赠，而应积极发动群众参与其中。而公益项目使用开放式的众筹模式募款，可以增强捐款者和募款者的互动，同时也可使公益项目与参与者的关系更加紧密，这在很大程度上有利于增强每个人的参与性。从这个意义上而言，公益众筹有望推动中国慈善体制的市场化改革。

需要说明的是，众筹监管从严的政策趋向，也加大了这种探索的力度。区别于股权类众筹平台，公益众筹平台避免了对合格投资人认定、人数及融资企业财务报表等的限制，这将大大释放公益类众筹平台的发展空间。

而其效用可以从英国一家公益众筹平台Prizeo窥见一斑。Prizeo是一家利用名人的社会影响力来为慈善活动筹集善款的新创公司。其善款一般是通过与名人见面或获得名人所提供的奖品而筹得的。如名人们可以动员他们的粉丝为某项慈善活动捐款，然后针对他们的帮助给予奖励，一般会享有与名人单独见面的机会。而大量名人的参与一定程度上推动了英国慈善事业的发展。

无独有偶，全球最大公益众筹平台Fundly2009年成立，截至2014年中旬，已募集到3.2亿美金，涉及约17.5万个公益项目，在此之前的9个月中规模更是实现了3倍增长。

　　显然，借鉴国外公益众筹的商业模式已经成为大概率事件。事实上，中国公益渠道和方式也在快速变迁。曾经摆一个募捐箱，做一场宣讲，大家依次捐款这种老式的募捐方式已经悄然淡出我们的视野，取而代之的是捐赠爱心包裹、徒步、越野、跑步、剃光头、开车搭讪路人、购买虚拟产品、微博互动等一系列新颖且不乏时尚的筹款方式。而随着支持方式的变革，如从现金到银行汇款再到基于微信支付等，我们确实感受到了每个人做公益的便捷，但公益项目不透明运作的疑虑从未打消。

　　这可以用公益项目信息的充分公开来获得捐赠者认可，而这在发达国家已经得到充分验证。以美国为例，除了政府硬性规定的公益项目公开的标准、规则外，公益项目的申请、款项募集、拨付及运营费用的预算等要定期公开，接受监管机构的监督，同时辅以慈善评级机构对公益项目公开程度的评价。一旦慈善机构因信息披露受到质疑，评级就会很低，进而有被公众抛弃的危险。这种情况下，美国的慈善机构及其公益项目不得不在提高透明度上做足功课，甚至允许任何公民去随时查他们的账目。正是这种"晒账本"的做法赢得了公益人士的欢迎。

　　正在中国兴起的公益众筹，引用先进的互联网技术，完全可以使其募资及花费账本透明化，使其公益项目的申请、预算、募资、投向、管理等在众筹平台得到一一说明，而公益众筹平台所有的捐赠人都成为该公益项目的监督者，可以设想，这种模式赢得捐款的机会将大大增加。

　　因为无论公益事业的渠道和方式如何创新，解决公益众筹问题的根本依然是活生生的人，他们对于公益项目的透明有着强烈的要求。而近期一个联合调查也显示，76.9%的网友认为众筹项目最关键的环节是项目的监督，以及项目执行的透明化，对于公益众筹项目资金的使用比其他类别的众筹项目要更加谨慎和重要。

于是一种能让捐助人清晰地看到资金使用情况，并实时监督资金去向的"晒账本"方式成为公益众筹项目打消捐赠人疑虑最好的方式。假以时日，这种点对点透明运作的方式，将在一定程度上改变中国公益，尤其是饱受诟病的慈善性公益的形象。

当然，这一切的发生，甚至将推动中国慈善体制的市场化改革，需要慈善组织转变运营理念及监管机构营造一个市场化的环境。

第三节   股权众筹

国内目前最受关注的即为股权众筹，因为这种模式有可能是风险最小也是收益最大的，这是对目前现有风险投资的一种升级与优化。股权众筹主要是以股权的形式对一定的项目进行投资，当这个项目日后上市时可能会有几十倍甚至上百倍的回报，同时风险也相对较少些，因为投入的资金相对较少。

目前的风险投资行业主要分为三个类别：

1. 天使投资，投资额度一般在百万到千万人民币之间。投的企业都处于种子期或者初创期，有的甚至只是一个想法。天使投资属于风险最大同时也是收益最高的投资。

2.VC投资，也就是我们平时所说的风险投资，投资额度一般在千万美金甚至更高。投的企业处于发展期，已经有了成型的模式并且有较好的发展空间，资金的进入是为了帮助其快速发展。天使投资根据融资的次序不同，也会分为A、B、C、D、E轮等，每一轮都会根据估值不同而投资额度有所不同。

3. PE投资，这属于更大型股权性投资，投资额度在上亿人民币甚至是上亿美金，根据实际情况不同而有所不同。PE投资更多投的是很多Pre-IPO项目，即投资于企业上市之前，或预期企业可近期上市时，通过企业上市来获取高额利润。

众筹出现后，将会对天使投资进行优化，原来由一个天使投资人投几百万人民币于一个企业，自己承担这几百万元的风险；而众筹则是由几十人甚至上百人来一起承担这部分费用，同时也由这上百人一起来辅助这个项目的成长，共享企业最终上市的利润。

以人人投股权众筹平台项目为例，人人投是专注于实体店铺的股权众筹平台。一个优质的实体店铺项目一般在几十万到几百万之间，而投资人一般出资几千元即可投资一个项目，这使更多的普通投资人能够参与到股权众筹行业中来，帮助中国培养了一大批天使投资人，推动了中国的创投业不断向前发展，繁荣了中国的创业。当然，一切众筹活动都要在现行国家法律范围内进行，每个股权众筹的项目股东不能超过国家法定规定的200人，而有限公司的股东不能超过50人。目前证监会也在为建立完善中国的众筹法案做研究，一切都在向积极的方向发展。

其他国家，例如英国和荷兰，已经允许投资者通过众筹的模式成为一个创新型公司的股东或者执行人。

在英国，已经有两个平台通过股权的方式向投资者阐述他们的投资权益。Crowdcube和Seedrs是近两年在英国发起的两个股权型众筹平台。Crowdcube是第一个股权制众筹平台，在它建立之初，它还没有得到股权监管的许可。Seedrs则是在等到监管许可才开始建立的。这两个平台都在短时间内取得了可观的成就。 Seedrs将重点放在了新兴公司的建立上面，并非特意，但却有效地降低了投资数目。而且，Seedrs还采取了代言人的模式，也就是说，Seedrs作为所有投资者的代表，帮他们管理股票；并且作为所有股权人的代表，会定期向开发者要求获取产品或者公司的开发运营数据。最近，Seedrs还发表了一项声明，声称将要发布欧盟联合平等股权制，用以开发新的市场，同时为自己的公司众筹资金进入日本市场做准备。Seedrs自己的这项众筹项目已达到200万英镑的数额，是目前在英国所有股权型众筹项目中募集资金最高的。相比之下，Crowdcube不仅仅将目光放在新兴公司上，一些比较成熟的企业也可以在Crowdcube上进行资金募集。在Crowdcube上，当一个集资项目完成，投资者和对于股权的监管和控制就和Crwodcube没有关系了。一般来说，小的投资者所持股票为没有投票权的股票，只有一些大的投资者才会得到有投票权的股票。这两个网站都从英国政府得到高额的税务补贴。英国政府的帮助投资新兴企业法案SEIS和投资新兴企业法案EIS都有效地降低了投资者在对新兴企业注资时的风险。不管怎样，这些法案都为英国的风险投资带来新的契机，并且对未来可能带来就业率和税收增长提供了良好的环境。

在澳大利亚，众筹平台Assosb被打造成了股权型众筹的先驱者。这个平台从2005年建立到现在，很多小企业因为澳大利亚注册投资者在这个平台上展示他们的公司而获得利益。在澳大利亚，Assosb这些年一共为小型企业集资了135000000美元。

　　在美国，股权型众筹的玩法有些不同，其中一点是关于得到认可的投资平台和未得到认可投资平台（或者也叫做流行的众筹平台）的。美国证券交易委员会正在审查这些关于股权众筹的相关法案（《创业企业推动法案》简称"JOBS法案"或"乔布斯法案"）。最终的法案发布在2012年实现。流行的众筹网站的律师们经常用其他国家股权众筹的成功项目举例，试图加快法案的通过。美国证监会一直推迟这项法案通过是出于对那些没有受过良好教育的投资者的考虑。

第四章
产品众筹

【引导案例】

产品众筹：迷迭香–极品原液–白富美的选择

发起平台：同筹荟

发起时间：2014年11月14日

发 起 人：欧明霞

项目简介：

黔南龙海特种植物开发有限公司成立于2001年7月，是一家专门从事对具有市场前景的特种经济植物进行引种试验、驯化、种植、开发、销售的创新性科技公司。

公司目前已经签订3000亩种植合同，拥有迷迭香的种植面积近万亩，已计划扩展到5万—8万亩，是国内种植时间最长、最稳定、规模最大的公司，是国内第一家迷迭香产业上市公司。

迷迭香的四大功效：

1. 食用功效

迷迭香含有鼠尾草酸、鼠尾草酚、迷迭香酚、熊果酸、迷迭香酸等天然抗氧化成分，具有耐高温、安全的特点，是国际上公认的最具备抗氧化作用的植物。在发达国家大量用于食品添加剂，可延长食品保质时间。

迷迭香芳香独特，如同薄荷般清凉的味道，是西餐烹饪常用的调味品和装饰品，同时可以作为茶等饮品，能够提神醒脑，增强记忆力和集中注意力。

在烹饪中添加适量迷迭香，既能够减少肉类的腥味，提升食品风味，还能够减少烧烤中产生的致癌物质异环胺（HCA）。

2. 美容功效

迷迭香提取物可减轻充血、浮肿、肿胀的现象。可以帮助我们清洁毛囊和皮肤深层，并能够让毛孔更细小，从而让皮肤看起来更细腻更平整。对于面部有多余脂肪的人来说，也有消除脂肪、紧实皮肤的功能。迷迭香精油因其高效抗衰老、紧致肌肤、收敛毛孔、消炎抗菌的作用，广泛用于美容护肤、护发、按摩SPA等方面。

3. 医疗保健功效

《本草拾遗》："主恶气。"

《国药的药理学》："芳香健胃，亢进消化机能。"

《中国药植图鉴》："强壮，发汗，健胃，安神。能治各种头痛。和硼砂混合做成浸剂，能防止早期秃头。"

民间将迷迭香用于帮助治疗感冒、气喘、慢性支气管炎与流行性感冒、胃胀气等常见疾病。在医学中多用于开发抗心血管疾病、抗炎药物。

1983年欧洲国家就用迷迭香提取物开发出治疗静脉曲张、痔疮、湿疹、牛皮癣、银屑病和皮肤感染等的药物。目前德国已开发生产出解热、镇痛、消炎药物投放市场，并作为抗血栓新药进行研究。西班牙等国还用迷迭香开发出防治脱发、秃顶、头皮屑和刺激头发生长的药物，并开发出治疗脂肪过多性肥胖症的减肥产品。

4. 观赏功效

迷迭香是一种名贵的天然香料植物，生长季节会散发一种清香，有驱蚊的功效。迷迭香开花呈紫色或者蓝色，花季时间长，可用于园林绿化、阳台观赏。

项目状态：

众筹成功。共420人次参与到此次众筹项目中。共众筹资金人民币32013元。超额完成107%。

第一节 产品众筹的故事

1885年，诞生了一个最具影响力的众筹项目。为庆祝美国的百年诞辰，法国赠送给美国一座象征自由的罗马女神像，但是这座女神像没有基座，也就无法放置到纽约港口。约瑟夫·普利策，一名纽约《世界报》的出版商，为此发起了一个众筹项目，目的就是筹集足够的资金建造这个基座。

普利策把这个项目发布在了他的报纸上，然后承诺对出资者奖励：只要捐助1美元，就会得到一个6英寸高的自由女神雕像；捐助5美元可以得到一个12英寸高的雕像。项目最后得到了全世界各地共计超过12万人次的支持，筹集的总金额超过10万美元，为自由女神像顺利竣工做出了巨大贡献。纽约《世界报》和普利策因此赢得美国民众的尊敬和爱戴。

目前主流的众筹平台项目，一般都是以这种产品式众筹为主，例如众筹网、追梦网、点名时间等。每一个众筹平台，都有自己的优势或者擅长的地方。一个有梦想的人把自己的思路，通过众筹平台展示出来，而一些众筹平台上的会员支持这些人的梦想，提前付费，并且参与到这些项目的制定中来。也就是说，让消费者提前参与到产品的设计开发中来，这也就是我前文所说的将消费与生产链接在了一起。在现有的生态圈下，消费者与生产者是基本没有联系的，一件商品要经过原材料生产、设计、制造、运输、代理销售、零售平台销售等一系列环节，最终到达消费者手中，而众筹的出现让消费者在生产前就已经与生产环节产生了联系，形成了消费的闭环。

另外一个典型的产品式众筹，不是存在于众筹网站里，而是存在于电商平台中。最典型的案例就是农产品的C2B预售式购买。当水果还没有成熟或者还在果园里时，就让会员先付费购买。当水果成熟时，将水果按照地址快递给预购的会员。这对双方都有极大的好处或者价值：一方面农户可以一开始就锁定销量，可以针对这部分销量进行高质量的采摘和服务；另外对于购买者来说，可以在第一时间吃到品质有保证的物美价廉的农场直销的水果，亲自体验原生态水果出炉的全过程，这是另外一种全新的体验。

现在我们重点来理解一下，以上三种类型的众筹的重组本质。

首先我说一下关于社会关系的重组。为什么说众筹能对社会关系进行重组呢？我们先了解一下目前社会中几种主要的社会关系。在目前中国的社会中，每个人既属于独立的个体，又处于不同的圈子中。不同的人之间总会因为这样或者那样的关系联系在一起，有亲人、同学、朋友、同事、客户、战友、老乡、创业合伙人等。这些圈子的存在，让一个人拥有了一些别人没有的资源，正是借助这些资源，他可以快速发展自己的事业。比如：父承子业——直接嫁接家族的资源；大学同学会——直接嫁接校友的资源；老乡等区域性商会——直接借助乡亲的资源。所以一些企业家朋友都是在不断地混圈子，因为圈子就是一种资源，获得资源的多少要看你能力的高低，付出的多少。

在我看来，因为众筹的出现，出现了一个全新的关系，我将其命名为众筹合伙人关系。随着众筹的不断繁荣发展，中国也许将会迎来大合伙人时代。众筹合伙人关系是介于现今的创业合伙人关系与商界合作伙伴关系中间的一种全新的商业关系，它的紧密程度要大于目前商界中一些商会、朋友关系等，因为里面有利益纠葛；同时紧密程度又小于现今的多人合伙创业关系，太多的多人合伙创业，因为利益的关系而失败。而众筹合伙人关系可以相对避免这种情况。当100个人因为某个人众筹的关系联系到一起时，主流的思维应该是怎么利用这100人背后的资源来助推这个项目更好、更快地发展。这个众筹的发起人要善于借助这100人的资源来推进自己项目的发展，而参与众筹的这100个人，最大的目的不是亲自来操刀这个项目，而只是一定程度地参与，通过参与其中获得相应的灵感。也可以说是一个小成本的试错过程。比如你准备自己投资一家咖啡馆，但你没有相应的经验，但通过参与众筹一家咖啡馆，你可以获得开设咖啡馆的全套经验。当了解清楚时，你才更有底气来独自操作。众筹合伙人通过参与众筹项目，来获得相应的实战经验，我觉得这部分价值远远大于后期的金钱价值，有的时候就当花钱投资自己学习了。

众筹合伙人的出现一定会让中国的商业走向更加开放、务实、抱团发展的时代，可以激活很多已经沉淀的资源，让信息的不对称性降低，让资源的使用率提高，让人脉发挥更加实用的作用。同时，众筹合伙人实行群体约束机制，每个人都会被更多的合伙人监督，降低创业过程中有可能发生的道德风险；同时还会把所有人放到一个开放积极的大环境中，当看到同样的合伙人不断取得优异成就时，更多的人受到刺激而奋发图强。当然，这就要求大部分的合伙人是相互认可、志同道合的人，这样才能达到一加一大于二的效果，而不是在一些细节上内耗。大合伙人时代的到来，一定会让创业相对更简单、资源更丰富、成功率更大，这就是众筹对社会关系的重组与贡献。

除了众筹合伙人的出现之外，还会有社群的出现。例如，创业家黑马运动会的黑马们，小米手机的粉丝们，"罗辑思维"的会员们，锤子手机的粉丝们，这些都是因为某一个人或者某一个事件聚集在一起的人，构成了一个社群，这个社群中的人拥有相同的爱好或者类似的价值观，经过漏斗一层层过滤下来，最终聚集在了一起。这些社群更多的时候是没有组织性的、无规则意识的，但是当把这部分人聚集在一起并进行商业化运作时，就可能爆发巨大的威力。在现今社会，人在满足了基本的生存需求外，相应的精神需求在提高，这反映在众筹上就是存在感与参与感，有的时候根本没有道理可讲，只是因为喜欢。

上面我重点讲了众筹改变了当今的社会关系，现在探讨一下，众筹改变产品的生产模式、销售模式和消费者的消费模式。

在前面讲过，在现今的社会形态下，生产与消费环节几乎是没有任何联系的，最大的联系也只在于某种产品的自产自销。比如我是做服装的，我穿自己的服装；我开农场的，食用自己种植的青菜。当然这样的情况是非常少的，毕竟每个人只能生产有限的产品供自己使用，绝大多数的产品都是经过其他人的劳动来满足我们的需求。这就是生产与消费的割裂，这是目前的状况。我们每天的衣食住行都要使用或者消耗某一类的产品，我们不知道这些产品因何而生、从何而来，只是使用和消费它们。

而当众筹发展到一定阶段后，当全民众筹实现之后，我们可以把自己的闲散资金小额多频次地投入到各个众筹项目中来，让我们成为这些项目的众筹合伙人或者股东。一方面我们具有了主人翁的身份与权利，另一方面又不需要投入太多的精力来参与这些项目的具体管理与运作，同时还可以以监察员的身份来监督项目的顺利进展。当产品正式面世时，可以第一时间体验到产品的优劣，并且提出自己的建议。这样的参与感与主人翁的身份让参与众筹者在获得基本产品的基础上，一定程度的精神需求也得到额外满足，同时有了无数的志同道合的伙伴，反而有可能促进自己本职事业的发展。

众筹的发展可以令股东、消费者与销售者这三者的身份集结于一体，众筹的参与者既是投资的股东，又是这个项目的第一批消费者，同时还是这个产品的销售者，要身先士卒体验这个产品，另外还要不断地向周边的朋友推广这个产品，可以第一时间获得产品的真实情况反馈，项目本身的成功率就大大增加。我们来想象未来一种情况，每个人都是众筹的参与者，今天拿1万投资了一家咖啡厅，明天拿1万投资了一家饭店，后天拿1万投资了一个服装厂，大后天拿1万投资了一个农场，大大后天拿1万投资了一个房产，等等，最后发现自己的衣食住行都完全可以依靠自己众筹的项目来解决。虽然这只是一个极端的设想，但不代表未来不可能发生。

随着众筹模式的不断发展与完善，任何行业、任何企业都可以运用众筹的思维来思考，都可以运用众筹的模式来运营，只是目前众筹是一个完全新生的事物，所有人都在摸索，都在践行。但任何的付出都会有收获与积累，最终实现量变到质变的转换。

第二节　有心栽花的机会

2013年的6月13日，余额宝诞生，互联网金融几乎是一夜之间红遍大江南北。国内一家大型基金公司副总经理说："我在前一年（2012年）年会上说，这个东西（互联网货币基金）可以做到一千亿，没有人相信我。"

这是一个将金融触角无限贴近普通用户的同时，又不断突破从业者想象空间的时代。这一年，互联网金融遍地开花，各类"宝"、众筹、比特币、P2P网贷（个人对个人的网络借贷）狂飙突进，正应了互联网行业那句话："在风口上，猪也能飞起来。"与此同时，互联网金融业发展良莠不齐，鱼龙混杂。

如今，台风减弱了吗？互联网金融的未来如何？

1.互联网"宝宝"收益降至4%，现在"宝粉"超股民

金融行业的一潭死水，被2013年6月横空出世的余额宝这条"鲶鱼"彻底打破了。这款投资门槛极低、申赎方便的理财产品，带给了投资者难得的舒适感和愉悦感。每日翻看余额宝收益培养出了一帮"宝粉"。问世半年后，余额宝规模超过1800亿元，9个月后，规模超过5000亿元，一举成为国内规模最大的基金。

在余额宝的带领下，国内三大互联网巨头齐刷刷扎根理财市场，百度百发有戏、京东小金库等"宝宝"相继成功，使得国内资产管理行业重新审视货币基金这个诞生已久的品种，也引发了其他互联网公司抢入这一市场。

余额宝诞生后，基金公司更是不放过每一个流量入口：微信、联通、电信、苏宁、彩票网站、直销银行。每一个入口都引发基金公司的争抢。在这种情况下，一年来，已经有超过60只货币基金加入了互联网、直销银行的"宝宝"军团。据中国基金业协会统计，2013年5月底，国内货币基金的规模还只有5640亿元；到2014年4月，货币基金规模已达到1.75万亿元，净增长近1.2万亿元，增幅2倍

多。货币基金占整个基金市场的比例也从23%提高到50%多。到2014年2月底，余额宝用户数已达到8100万户，数量超过A股股民，目前已悄然破亿。

在2013年下半年到2014年一季度之前，正是"宝宝"蓬勃发展的阶段，大部分货币基金的7日年化收益维持在5%以上，部分时段一度超过7%。但如今收益率正在下行，余额宝也面临着持续发展难题。

2014年下半年余额宝的7日年化收益率下跌至4.734%，而同期银行理财产品收益大部分超过5%，有的甚至达到6%。

收益每况愈下，竞争也在日趋激烈。"宝宝"们的劲敌正在胎动，大额存单正是这样的产品。央行下发《征求意见稿》，大额存单将对企业和个人开放。在额度方面，目前或定为个人最低额度10万元人民币或等值外币，机构为100万元或等值外币。大额存单利率将略高于同期国债、低于同期银行保本理财产品。

大额存单的出现，使得投资者能重新将存款当作一种理财。相比银行短期理财产品来说，大额存单提供了额外的流动性，而银行理财产品未到期不可提前支取。对于货币基金用户来说，有着存款性质的大额存单安全性更高，但不如货币基金申赎方便、使用灵活。兴业银行首席经济学家鲁政委认为，大额存单对于现在开放式的理财产品和货币市场基金会有一定的竞争力。

风靡一时的"宝宝"军团正遭遇商业银行的反击，大额存单有望助力银行在存款领域收复更多失地。

2. P2P "冰火两重天"，现在融资潮与倒闭潮并存

起步于2006年的P2P网贷业务在去年爆发式发展。央行的数据显示，截至2013年末，全国范围内活跃的P2P借贷平台已超过350家，累计交易额超过600亿元。民间统计的数据更为壮观，根据第三方机构P2P网贷平台的统计和测算，目前全国已有近千家P2P平台，从业人数超过20万人。

国内知名P2P平台比如拍拍贷、人人贷等纷纷获得巨额融资，凭借资本的力量他们的行业地位进一步巩固，而规模更大的陆金所和信而富甚至谋求境外上市。光鲜背后，P2P由于极低的门槛，乱象丛生。行业还未从2013年爆发的倒闭潮中脱身，倒闭、跑路现象依然频发。

无准入门槛、无行业标准、无监管机构的"三无"状态让一些P2P平台的负责人可以轻易圈钱走人。"起初倒闭跑路的平台更多是因为资金链断裂，经营不下去了，但今年以来纯粹诈骗的P2P案例更多，这个行业风险外人难以想象。"网贷天眼创始人侯滨说。2013年以来，累计已有64家P2P平台出现经营困难或者倒闭、跑路的现象。仅2013年9月至11月的两个月时间里，全国有超过40家P2P资金链断裂或关闭。

P2P的收益逐步下降，过去动辄20%、30%以上的收益率如今已经难觅踪影，P2P借贷平台的名义利率（即投资人收益率）普遍出现跳水迹象。根据零壹财经提供的数据，2013年，知名P2P借贷平台的名义利率均维持在8.45%至21.61%之间，平均为14.61%。到2014年，大部分知名P2P借贷平台名义利率下降至10%至16%之间。人人贷创始人杨一夫对《新京报》记者表示，政策日渐明朗、资金供大于求

以及行业竞争加剧都是导致P2P的名义利率下降的重要原因。

对于P2P网贷行业中的各种行为，监管层也提出了三条红线不能碰，即不做资金池、不做虚假项目、平台不自融不担保。爱投资CEO王博表示，目前由于P2P性质尚未明确，不少机构出于风险考虑，不敢跟P2P平台合作。纳入监管之后，P2P行业获得正名，业务范围和业务领域将得到拓展。以P2P平台接入征信系统为例，央行相关负责人曾表示，P2P平台属于什么性质的机构尚不能明确，因此对于P2P接入央行征信系统还在观望，等到政策明朗，P2P平台接入征信系统也并不存在技术问题。

P2P在经过了一年的疯狂式发展之后，现阶段将会是行业洗牌的关键阶段。国务院发展研究中心金融研究所副所长巴曙松此前曾撰文指出，随着市场环境的变化，以及监管制度的不断完善，可以预计，中国P2P行业洗牌在即，随着监管规则的出台，各类P2P平台将在宏观金融市场变化和行业变迁中受到新的洗礼。

拍拍贷创始人张俊判断，未来超过90%的P2P公司会死掉，其中70%是因为不符合监管标准，可能剩下20%会因为市场本身的机制而被淘汰掉。未来，能够很好解决风险管控和成本问题的大平台，以及一些地域属性特别强、小而美的P2P将会生存。

3. 众筹或最早阳光化，现在总融资额不到10亿

与P2P一样，众筹也是舶来品。Kickstarter是全球规模最大的众筹网站，2009年4月在美国纽约成立，该网站允许创意者直接向支持者募集资金，Kickstarter从中收取10%的服务费。这种被称为众筹的融资方式，仿佛打开了一个灵感的魔盒，很快，向支持者提供项目

股权的股权众筹、提供固定收益的债权众筹、纯粹公益的捐赠众筹相继在全球各地兴起。

众筹就是指用团购和预购的形式，向大众募集项目资金。比如，2013年9月，众筹网与《快乐男声》的操盘者天娱传媒有限公司合作，号召快男们的粉丝共同出资，为2013年的快乐男声们拍摄一部主题电影并在主流院线上映。20天内，38000多名粉丝就出资超过500万元。

相比于P2P的炙热，众筹还是在慢火当中。中国人民银行2014年4月发布的《中国金融稳定报告（2014）》显示，中国的众筹平台只有21家。根据估计，这些平台大多数实现的融资规模不过几十万元或数百万元，顺利融资的项目多则几百，少则几十个，总的融资规模不到10亿元。

2014年6月12日上午，证监会主席肖钢到网信金融、北京天使汇进行调研，这两家公司都是提供众筹等服务的互联网金融企业。证监会主席亲赴一线企业调研，被业界解读为相关的监管细则有望出台，行业合法的曙光已近在眼前。

国内众筹平台头顶悬着两把达摩克利斯之剑：一是《中华人民共和国公司法》（以下简称《公司法》），二是《中华人民共和国证券法》（以下简称《证券法》）。根据《公司法》，有限责任公司的股东不能超过50人，股份有限公司的股东不能超过200人。根据《证券法》，公开发行证券必须经过证监会或者国务院授权的部门核准，而向不特定对象或者向特定对象发行证券累计超过200人，都属于公开发行。

因此，国内真正的股权众筹平台十分少。大多数众筹平台都规定，项目发起人只能以实物或者服务的形式向支持者提供回报，禁止以任何股权或者固定收益承诺的形式提供回报。众筹平台也在千方百计不触碰股权投资这一监管红线。深圳大家投规定每个投资者投资额度不得低于项目融资额的2.5%，同时将联合投资者成立有限合伙企业，以符合《公司法》中关于公司股东数的规定。而网信金融旗下原始会则采取投资人必须经过邀请才能进入的方式，实现针对"特定对象"的项目推介。原始会的投资人门槛为年收入不少于50万，或者净资产不低于1000万。

据一位参与证监会调研的专家介绍，证监会为了防范风险可能对额度有"两头小"的限制，即融资人的单笔融资金额要小，投资人一年内或单笔的投资金额也要小。同时，投资人也可以进行大额投资，但前提是该投资需要通过平台的认证，被认定为合格的投资者才可以进行这一操作。业内人士表示，证监会对众筹的监管办法预计将早于银监会对P2P的监管政策推出。

第三节　雷声大雨点小

除了债权式众筹P2P得到迅猛发展之外，其他类型的众筹，如股权类众筹、产品类众筹、公益类众筹，以及基于众筹思维的圈子咖啡馆众筹模式，虽然也得到了一定的发展，但是总体看来还处于雷声大雨点小的状态。

一、制约因素

制约因素一：众筹在中国的政策法律环境还不成熟，很多众筹创新模式与现行法律法规还存在一定的冲突。

在众筹起源地美国，JOBS法案进一步放松对私募资本市场的管制，法案允许小企业在众筹融资平台上进行股权融资，不再局限于实物回报，同时法案也做出了一些保护投资者利益的规定。法案规定，对每一个项目来讲，其融资规模在12个月内不能超过100万美元，同时也限制了每一个特定投资人的融资规模，不可超过其年收入的5%。JOBS法案的出台使美国众筹有了合法生存的法律依据，特别对股权类众筹发展有极大的促进作用。

但在中国，根据中国法律，众筹不支持以股权、债券、分红、利息形式作为回报项目，否则有非法集资之嫌，美微传媒在淘宝出售原始股的大胆尝试被监管部门叫停就是一个例子。

在中国现行法律环境下，股权众筹生存和创新的空间很小。根据现行的《公司法》及《证券法》相关规定，如果未经监管部门审批，向非特定对象公开发行股票，或者向超过200个特定对象发行股票，都属于公开发行股票。按照现行法律规定，不能在平台上公开宣传众筹项目，否则，可能越过未经审批向公众公开发行股份的法律红线，如果达到一定的程度，则可能构成犯罪。此外，也不能踩向超过200个特定的人发行股份的法律红线。在此情况下，股权众筹只能通过线下进行，不能发挥众筹的效用。

因此，就目前中国法律政策环境而言，债权类众筹、股权类众筹还存在诸多的限制和法律红线，如果放开去创新则可能触犯刑律，保守则不利于创新，缺乏吸引力。

制约因素二：众筹平台的盈利模式还存在问题。

就目前看，中国式众筹网站的交易规则和盈利模式是：如果在规定时间内未达到预定筹款目标，系统会将已筹集到的资金退还给出资人。如果项目筹款成功，网站将根据筹得金额按比例收取佣金，佣金是主要收入来源，其次还有广告收入。

具体而言，诸如Kickstarter等国外众筹平台的盈利模式通常是：从融资成功的项目中收取一定佣金，费用比率一般为5%至10%。但在国内，众筹模式很难收取佣金，而且由于用量很小，再加之很多众筹项目融资金额不大，即便收取也没有意义。没有好的商业模式和盈利点，就难以吸引更多的互联网创业者加入众筹行业，也难以吸引投资人的目光。这些都客观上制约了众筹平台的发展。

但是，我们也注意到，国内的线上众筹平台目前收益模式与行业密切相关，例如娱乐业可能有衍生品，很多众筹平台在尝试一些"未来权益"分成，不是赚在项目上，而是赚在项目外。比如一些股权众筹平台开始收取融资方的股权而不是现金。不过，作为金融平台，众筹的主要商业模式终究还要回归佣金模式，只是它还不适合目前的发展阶段。

制约因素三：中国式众筹征信体系及诚信环境缺失。

征信体系也是众筹平台的一大难点，通过陌生平台或者弱关系开展众筹，筹资人的信任机制、分配机制、退出机制是否健全到足以让人相信，并且持久相信，这是一个很关键的问题。项目发起人可以利用虚假信息进行圈钱，领投人也很可能是同谋。

由于众筹平台游离于央行征信系统之外，再加之目前众筹缺乏明确的金融监管主体，很难被纳入央行征信系统。目前大多数众筹平台所能做的，是自建征信数据库排查借款人的恶意违约风险，央行的个人征信报告很难调用。除了央行的征信体系，个人信息的查询、身份识别和相关的其他司法状态信息等存在难以打通的障碍，金融大数据还是个美丽的梦！缺乏用户征信在线大数据支持，众筹平台只能依靠有限的人力用有限的手段采用传统的方法去调查项目发起人的资信能力，这种风险防控模式成本高、效果差。

制约因素四：众筹项目存在知识产权保护不足问题。

投资者缺乏安全感，发起人也同样缺乏。国内知识产权保护的匮乏让筹资者面临创意被剽窃的危机。鉴于国内知识产权保护现状，众筹平台无法保证创意不被他人剽窃，知识产权的权利人只能自己提高保护意识，披露部分产品或创意细节，同时与网站签订一些保密协议，防止项目鸡飞蛋打。但这样做却使得投资人看不到完整的项目和产品创意信息，无法做出投资决策，导致大量的股权类众筹及高科技产品的产品类众筹不具有吸引力。

如何既能保证发起人的创意不被投资者剽窃，又能使投资者充分了解创意信息做出投资决策，这是一个难题。面对这种尴尬的局面，如何加大知识产权保护力度、惩处侵犯他人知识产权的违法行为、树立尊重他人知识产权的法律意识至关重要，但是整体看来，建立知识产权保护体系路途还很遥远。

制约因素五：中国社会对众筹认识不足，存在诸多误解。

中国各地之前出现的民间借贷引发的跑路现象和对一些集资诈骗案件的处罚，使社会普遍把众筹与非法集资联系起来，一听到众筹立刻联想起非法集资问题。再加之中国社会诚信体系尚未完全建立，社会普遍存在不信任感，所以这些因素都对众筹的发展不利，因为众筹是基于信任而产生的，没有信任就不存在众筹的基础。

在上述诸多因素制约下，中国式众筹目前的现状是，除了越来越膨胀的P2P之外，股权式众筹谨小慎微、步履蹒跚。唯有产品类众筹凭借创意产品和文艺艰难生存，一些线下的咖啡馆只是在出卖圈子，逐渐陷入过剩。难免有些行业人士认为："众筹是非主流的互联网融资渠道，不向创业公司开放，只以音乐、影视、科技、漫画、游戏等项目名义筹资。投资者收益仅限于实物产品，并没有资金回报，众筹在国内变味了，成为广告投放平台。"

二、管理角度

根据众筹平台的普遍规则，如果你的项目筹资成功，那么就必须要在规定时间内完成产品的开发与制造，实现对支持者的承诺。所以众筹在让你筹到钱的同时也给你带来了订单压力。因为这些钱是来自消费者一端，相当于直接订购。这种压力尤其彰显在实体产品项目上。

其次，与传统VC相比，众筹缺乏创业指导。传统的VC都是"过来人"，或是自身有创业经验，或是有宽广的行业人脉和观察积累。总之，你在众筹平台上的支持者们是不可能提供给你统一、有建设性的建议的。一个好的VC能帮你少走很多弯路，尤其是在产品的推广阶段。你可能善于研发，但不一定会销售。

最后，众筹平台上的投资人不够专一。众筹平台能帮你快速筹到用于产品研发和生产的资金，但不能保证你今后的资金链保持完整。传统的VC在提供早期投资后，如果项目发展顺利，你还有机会获得后续的A、B、C轮融资。而在众筹平台上，你的那些支持者很可能早已把注意力转向了其他新奇的发明上。

三、估值过高

创业者在平台上宣布创业项目融资金额和出让股份比例，有一定门槛和资质的领投人认投，跟投人跟进凑满了融资额度后，领投人注册成立有限合伙企业，办理投资协议签订、工商变更等手续，最后资金注入创业者的企业。

上述流程是我国最早的互联网众筹平台大家投网站上线一年多以来的业务模式，目前已经有20多个项目通过上述流程完成融资。该业务模式受到后来者的效仿，天使客、创业津梁等平台均采用类似模式。

不过大家投网站一年来遇到了诸多问题，其中遭到质疑最多的是领投人的尽职调查可信度问题。在2013年10月9日《中国证券报》刊发的《国内众筹平台闯入股权融资"禁地"》一文中，就有律师提出跟投人为什么要相信领投人的疑问。分析人士认为，"领投+跟投"是个有争议的机制，好的一面是较为专业的领投人可以帮助散户完成尽职调查和在估值上做出专业判断，不足的一面是如果领投人跟创业者串通，该机制就形同虚设。

大家投CEO李群林对《中国证券报》记者解释："社会上一直对互联网股权众筹存在怀疑，假如说创业者和领投人联手进行诈骗，平台该如何防范？一直都没有平台给出一个令人信服的解决方案。不过目前全国十多家股权众筹平台还没有发生过创业者跑路的情形。"不过他也承认，市场对此的顾虑一定程度上影响了平台的发展。另外，非市场化的估值办法也给投资者带来了困扰。此前大家投项目的估值是投资经理在审核项目的时候直接跟创业者协商确定，投资人在认投的过程中没有议价的权力，没有实现真正意义上的估值的市场化。"绝大多数投资人认为股权众筹平台上的项目估值过高。"大家投内部人士透露。

据了解，大家投只是目前互联网众筹行业的一个缩影，一些互联网技术背景的众筹平台普遍遇到了上述困扰。"想往前走就必须要有一个解决方案，不然没办法做得很顺畅，没办法获得社会的信任和认同，金融的本质就是以信任为标的做交易。如果受到很多人质疑，事就很难做大。"一位互联网众筹人士指出。

第五章
公益众筹

【引导案例】

公益众筹：依明江吾拉音的希望——光明互助计划

发 起 人：同筹荟

发起时间：2014年12月2日

项目简介：

中国的西北边陲，有这样一群能歌善舞、朴实勤劳的维吾尔族人。他们在这片土地上舞蹈歌唱，勤劳耕耘，他们沐浴冰川之光，享受硕果累累时的喜悦。冬不拉弦音悦耳时，却有这样的家庭，生活在一片阴霾中。他们想用灰色瞳仁努力看清美丽世界，但是眼前一片模糊，他们伸出手，想抹去那一片模糊，但又无力放下……

当人们需要帮助的时候，我们怎样伸出援手温暖他们呢？

依明江吾拉音，他患白内障已两年多。本就经济困难的一家4口，因妻子几年前患乳腺癌进行乳腺切除手术，而更加一贫如洗，家中的房子也因那次手术卖掉一半。漫长的黑暗只是为了静等光明的到来。由上海邦盟汇骏集团和新疆喀什市政府联合发起互助行动，免费帮助依明江吾拉音进行白内障手术治疗并成功拆除纱布。

他已拂去眼前阴霾，重新迎接明亮清晰的世界。

第一节　带你去看光明世界

广义的众筹是指利用社交网络传播的特性，让中小微企业家、艺术家或个人对公众展示其创意项目，在争取关注的同时，获得所需要的资金完成融资项目。而公益众筹则是通过相同的手法来达成公益项目的筹款目的。公益众筹的渠道有两种：一种是通过综合类众筹平台发起项目，另一种是通过专业的公益众筹平台发起项目。报告中显示，在164个成功筹款的公益项目中，有95%是来自综合类的众筹网站。现在随着手机功能越来越强大，同时我国电信行业推出4G业务以及几乎每家每户都布局地面WiFi的情况下，我们使用电脑的频率越来越小，而更多的是用手机、平板玩游戏、看视频、购物等等。公益众筹作为社会公益行业新模式，为了更好契合用户的需求，也在不断向移动互联网进军。

公益众筹是一种新兴的网络商业融资模式，不再只是以往行政化的捐款，打破了传统的融资模式，让每一位有梦想的普通人都可以通过众筹获得从事某项公益创作或活动的资金，使得融资的来源不再局限于投资机构，而是扩展到更广泛的大众。借助互联网的分享、中心化、众包等元素，慈善和公益迎来了新的时代。公益众筹的故事是一个个成功的案例汇聚而成的，随着众筹形式的多样化而繁衍出来，是公益慈善与互联网相结合而产生的公益方式，虽然起步不久，却也对公益捐助起到了很大的作用。这种公益众筹利用的是一种全新的思维模式，让别人为你的公益理想埋单，不管这个公益多么小，哪怕是你身边一件小事，只要你能付诸实践，制定出方案，借助众筹平台，都有机会实现，帮助到你想帮助的人。

最近一种叫做"冰桶挑战赛"的事情风靡美国科技圈、运动界、演艺圈，并扩散至中国。"冰桶挑战赛"，也称"冰桶挑战"，全称是ALS冰桶挑战赛（ALS Ice Bucket Challenge），由前Boston College棒球运动员Pete Frates发起，以名人之间点名传递的形式进行，美国包括比尔·盖茨在内的名人、明星都接受过挑战。该挑战要求参与者在网络上发布自己被冰水浇遍全身的视频内容，之后参与者可以指名3人也来参与这一活动。活动规定，被邀请者得在24小时内接受挑战和为对抗肌肉萎缩性侧索硬化症捐出100美元中二选一，或者两者都做。其活动的目的是为了让更多人知道"渐冻人"这种罕见疾病，同时募款帮助治疗。2014年8月18日，中国互联网界的翘楚们也加入冰桶挑战赛中。一加手机创始人刘作虎率先完成冰桶挑战，同时点名奇虎360CEO周鸿祎、锤子科技CEO罗永浩、华为荣耀业务部总裁刘江峰接受挑战。随后，各种网络平台上冰桶挑战的视频接踵而至。截止到2014年8月21日16：00，70余名IT界名人、娱乐明星、体育明星参与，短短时间内，冰桶挑战共获得11709位爱心人士支持，筹集善款2284323元。其实冰桶挑战赛实质上并不是一场真正意义上的公益众筹，更多的是利用了社交网络和病毒视频的快速传播能力，但它却具备了一个良好公益众筹项目的基因，它的成功也给公益众筹这类新公益模式带来了更多的想象空间。

公益众筹发展至今成功的案例很多，以下是公益众筹史上比较具有代表性的公益众筹，对公益众筹之路有着启示意义：

一、"阿菜的环球社会创新采访——纪录片《改变世界的青年人》"。这个项目是2013发起的，在当时无论从传播度和最终的筹款额来讲，都属翘楚。阿菜成功最大的原因在于直观地展示了自己行动的视频，做到了积极地推广宣传，在大学校园和参与活动的现场做推介，使线上线下形成整合。而最重要的还是因为项目本身的创新度，阿菜作为一个寻求创变的年轻人敢想敢做，给很多人带来刺激和影响，支持他个人也相当于支持自己的一段梦想旅程。

二、"WOMEN（我们）的故事：TEA+女书店"。这个项目的文案中这样写道："TEA+女书店的创建基于这样的信仰——身为女性，我们都有自己独一无二的特长，在实现潜能和放飞自己的路上，需要更多关爱、鼓励和正能量。在属于女性的空间里，有阳光、好书、热茶、思想，不同形式的活动和交流让我们能相互扶持，结识更多志同道合的同伴，一同绽放美好天性。"项目的发起人是两个看上去有些文静的女孩，希望打造出一个属于女性的空间，给所有想放飞自己的女性和她们的同路人。项目发布后果然吸引了很多女性支持者，很多人觉得女性创业本来就不易，能坚持下来尤为可贵。并且项目文案的风格非常鲜明，从图片到文字都弥漫着清新典雅的气息，给人的感觉很舒服，同样也起到了聚拢用户关注和支持的作用。

三、"圆恩墙上咖啡——喝咖啡谈公益"。项目的执行和筹款都很顺利，这与前期的精心策划密不可分。策划阶段，平台方与发起人反复讨论文案，合理设置项目回报；项目上线后，众筹网做了积极的推广，发起人也非常配合，及时更新项目进度，回报的发送也很及时。另外，平台方的积极推进和发起人的密切配合都是项目成功的原因。

四、"'孩子与自然'自媒体——传递乡村的爱与美"。这是由邓飞发起的一个自媒体公益项目，邓飞作为公益明星，其影响力可见一斑。捧场的多，出钱的也给力。其中"上官冰淳"支持8万，"刘一明"支持8万。此外发起平台与我们分享了三点成功秘笈：首先是与发起人的通畅交流，为项目打下了良好基础；其次，发起人发动了自身的传播资源，扩大了传播效果；第三，平台推广。

五、"为孤独症儿童筹款 让天真者遇到天真者"。这个项目的成功，是向大众展示出了公益温暖而美丽的一面，"天真者遇到天真者"，让大家了解了孤独症患者这个群体和他们真实的生活，给很多人带来的启示是，做公益不都是需要煽情和凄凉悲惨的画面，只要触动了心灵，同样可以激发人们做公益的心。同时，具有艺术气息的独特画册，吸引力十足，供不应求。

不难看出，公益众筹以其特有的魅力，在众筹融资中独树一帜，发挥着越来越重要的作用。众筹与公益都是借助众人的力量，完成公众的幸福梦想，两者天然的内在生长基因，也让众筹模式与新公益的结合如同天作之合——让"人人公益"成为现实，更增强了项目发起人和认筹者的互动开放式运作，有利于公益项目与参与者形成更加紧密的关系。之后阿里、腾讯等知名企业的强势入市，更是给予公益众筹很高的地位。这种新的平台、新的媒介、新的理念、新的方法、新的思维方式、新的人才，让公益事业在新时代下有了更深层次、更立体的内涵和外延。

第二节　公益众筹的机会

公益捐助新发展

公益是当今社会重点关注的话题之一，越来越多的公益形式出现在我们的生活中，但传统的公益慈善由于门槛高、疲软性和一些局限性，在现代公益慈善中呈现下降趋势，其效果也不是很佳。而公益众筹项目的发起只要符合众筹平台的相关规则，只要投资门槛足够低，项目创意足够好，提供有吸引力有参与感的回报模式，同时可以凭借大型支付平台自身的实力解决立法和监管方面的障碍，汇聚大众的力量，强调大众的参与性，改变传统的公益慈善的方式，就人人都可以是发起人，人人都可以是支持者，产生意想不到的筹款效果，帮助特别需要帮助的人群。公益众筹赋予了中国的公益事业新的意义，本质上是社会价值的创造，是对人的尊严和成长的关照。这不仅仅是单纯的受益或有益，而是多向地、立体化地、包容性地使公益事业成为促进社会良好风气养成的助推器。毫无疑问，中国的公益捐款不应仅仅局限于企事业单位和组织捐赠，而应积极发动群众参与其中。而公益项目使用开放式的众筹模式募款，可以增强捐款者和募款者的互动，同时可使公益项目与参与者的关系更加紧密，这在很大程度上有利于增强每个人的参与性。从这个意义上而言，公益众筹有望推动中国慈善体制的市场化改革。2013年发布的《中国网络捐赠研究报告》显示网络捐赠超过了5.2亿。其发展势头迅速良好，公益众筹越来越成为公益慈善捐助不可或缺的一种方式，为公益捐助带来了新的发展。

个人项目发起

随着知识经济的发展，人的素质越来越高，对社会的责任越来越大，越来越多人会投入到公益事业中去，对精神的追求也越加重视。对于个人而言可以以最大的可能性实现自己的公益之梦，并且公益众筹其投资门槛低，将会成为越来越多有公益梦想之人的重要选择。只要你有创意、有梦想，通过公益众筹就可以获得来自四面八方的陌生人的支持，何乐而不为呢？可以预见的是，当公益遇到众筹，可以为个人发起公益项目提供平台，实现很多年轻人有趣大胆的公益梦想。如果你有个热血的公益创意，却不知如何获得资金，众筹平台会为公益项目提供免费的展示空间，并以众筹方式向公众筹资。当众筹遇到公益，这门关乎梦想的生意，也可能成为越来越多公益人的兑梦工厂。

公益众筹，顾名思义就是大家一起做公益。哪怕是1块钱、10块钱，有心都可以参与。我们有句话说："与一个人的10万元相比，我们宁愿要十万人的1元钱。"因为在这些捐款的后面，我们看到的是10万双举起的爱心之手。知名公益人邓飞说："众筹最迷人的地方在于它能调动最多人的爱心。"在公益圈的公信力和影响力，让他的公益众筹项目刚一上线就获得了广泛关注。"中国的爱心参与者太少了，而且很多公益其实都会有数字的门槛，众筹让这个门槛消失，每个参与者都是平等的。在第三方的监督下，我们所做的一切都公开公正透明，这才是最有生命力的公益。"

企业项目发起

中国社科院民间组织与公共治理研究中心王世强指出,企业可以通过众筹的方式做公益,而且"这种方式有利于增加企业与公众之间的互动,增强公众参与的积极性"。王世强举例说,新希望乳业通过企业官方微博以及企业员工个人微博发起了"你点1个赞,我捐1元钱,为300名孤儿筹专属体检"的活动。该活动一经发起,即受到了人们的广泛关注,短短两天就收到了近8500个赞。这也意味着有8500人知晓了新希望乳业的这次捐助活动。在微博上出现的由企业发起的所谓"品牌捐"活动都是这种形式;而这种利用互联网平台,连接企业、公众和受助人群的公益模式已经被很多企业采用。在王世强看来,依靠移动互联网开展社会化、众筹化公益行动是对传统公益模式的巨大变革,这种方式能更好地协调公益行为与商业目标之间的关系。但是与众筹不同的是,企业作为项目发起方筹集的不是资金,而是关注度,因此从严格意义上来讲这种项目并不算众筹,这几种模式还是企业担负社会责任和公益营销的一些具体方式。但是对于企业来讲,公益众筹也将成为提升企业知名度的重要途径之一,也将被越来越多的企业所采纳。

平台的成熟

随着众筹制度的完善,公益平台也制定了一些更为严谨的规则,对所有的项目都会进行筛选,并对项目发起人进行了解,在确保项目的创新性前提下保证可行性,并在项目执行前签订网上协议。此外,规定发起人必须设置募集资金的金额和期限,工作人员会定期督促项目发起人更新动态、与支持者互动沟通以赢得信任，项目结束后也会进行回访等等。平台的成熟，有利于项目发起人和认筹者的互动开放式运作，有利于公益项目与参与者形成更加紧密的关系，更有效地推动公益项目的高效和透明，让支持者更放心地做好事！

群众基础

随着公益众筹的发展，群众对之前传统的公益募捐方式已经感到疲软无新鲜感，而对这种新的捐助模式颇具好奇心，慢慢都开始接受起来，并且也都在运用这种模式来改变传统公益慈善的模式，群众基础越来越广泛，关注度也越来越高。不久前，国内一个与公益众筹相关的"益调查"结果显示，一半网友表示愿意成为公益众筹的支持者。对于是否会成为公益众筹的支持者，46.2%的网友表示愿意尝试这种新颖的模式；38.5%的网友表示要看项目内容，如果是很有创意的公益点子可以支持，毕竟创意需要付诸实施才知道效果；15.4%的网友则表态不愿意，看不出这个和传统的筹款方式有什么不同，而且缺乏保障。对于一个众筹项目什么环节最重要，76.9%的网友认为是项目的监督机制，以及项目执行的透明化，公益项目的资金使用应该比其他类别的项目更谨慎；11.5%的网友认为给支持者的回报不能太敷衍，一定要让支持者感受到诚意；只有7.7%的人认为创意一定要够，太过普通的公益项目在众筹的平台上可能很难真正引起大家的兴趣。可以看出，超过半数愿意支持公益众筹，而对于公益众筹，很重要的一点在于关注度，这是很好的机会。

支付端支持

目前，支付宝和微信支付都已支持对一些公益项目捐款，这或许可以作为搭建规范公益众筹平台的热身，也对支付加强了安全保障。

发展空间

需要说明的是，众筹监管从严的政策趋向，也加大了这种探索的力度。区别于股权类众筹平台，公益众筹平台避免了对合格投资人认定、人数及融资企业财务报表等的限制，这将大大释放公益类众筹平台的发展空间。

第三节　公益众筹的困惑及破解之道

公益众筹的困惑

公益众筹在国内是新兴的公益方式，"看上去确实挺美挺吸引人"，在过去的一段时间里，公益众筹也被炒得很火热，但事实证明，其实际效果却不令人很满意，通过公益众筹获得的筹款金额仅约占网络捐赠总额的1%，在发展过程中也遇到了一定的困惑。

现实因素

首先中国这个大环境下，十几亿的人口，从另外一个角度看，其实人均实力远远不敌西方国家，无条件去支持一场公益。也确实如此，现实确实是中国式公益众筹的一大瓶颈。在国外，如果你由于手头缺钱，却想完成你的梦想，选择一家众筹平台公布想法，会有很大的机会取得成功。

这并非天方夜谭，在美国，公益众筹这种形式早已经不是什么新鲜玩意。一个人或者一个群体、一个组织，可以通过众筹平台发布其公益想法方案，并获取支持，并且相当一部分会取得成功。但这只是在海外流行许久的众筹，如果置于国内，有可能遭遇中国式瓶颈，结果也不太理想，公益众筹也逃不过这一劫。

信任危机

还有一个很大的原因，就是众筹绕不过的坎——信任危机。有人悲观地说："试想在国内，连摔倒老太太都不敢扶，你又有多大胆量将一笔或许只是顿饭钱的资金提供给别人呢？"或许这其实就是一个根本答案，在一个普遍缺乏诚信和安全感的外部环境下，谁会乐意为别人玫瑰花色的梦想去埋单呢？这实实在在成为众筹有围观者而少参与者的关键症结。而这个瓶颈如果不打破，则众筹只会成为诸多水土不服淹死在中国的国外互联网新思维的一个后继者。公益更是如此，让众人相信这笔资金的准确去向、了解是否真的帮助了该帮助的人，这至关重要。可见，公益众筹任重而道远。

缺乏商业思维

有人说当公益与众筹牵扯在一起时，是否公益会变质。其实不会，业内专家认为，公益众筹和商业众筹的区别，从两个方面可以分析：首先从发起项目的目的分析，商业众筹是为了获取经济回报，公益众筹主要是为了解决社会问题；从项目回报这个角度来分析，商业众筹回报是具有商业价值的，公益众筹是纯捐赠行为，有些是产品周边的回报，但是它的商业价值远远低于它捐赠的价值，所以中间溢价部分是有捐赠属性的。

尽管如此，公益众筹和商业众筹也是有非常紧密的联系点，公益众筹反而更需要商业思维。首先可以用商业的思维来进行产品的设计。因为我们认为在众筹平台上发起的众筹项目目标的受众并不是传统热衷于公益的人士，而是喜欢在平台上关注非常有创意的项目的年轻人，所以我们在进行产品设计的时候传播点不能用眼泪指数，更多是要在产品设计的吸引力和项目设计的新颖度上来吸引公众。有业内人士强调，需要用商业思维进行产品的展示和传播。而中国国内的一些公益众筹往往因为缺乏创意而失败。

平台、地域限制

数据显示，在164个成功筹款的公益项目中，有95%是来自综合类的众筹网站。更具体的数据是：在专业公益众筹平台上发起的公益众筹项目共40个，已成功项目8个，成功项目募集金额7.8万元；在综合类众筹平台上发起的公益众筹项目共267个，已成功公益项目共156个，成功项目募集金额661万元。

据了解，我国首家专业公益众筹平台于2013年7月正式上线。这个名为"创意鼓"的网站，先后发起了21个项目，目前仍无成功案例。另外两家专业众筹平台"积善之家"和"新公益"，分别于2014年3月和2014年4月上线，分别成功项目5个和3个。成功项目所占比例有点低。专家指出，国内专业的公益众筹平台发展格局呈现数量少、知名度低、活跃度低的特点，主要因为平台地域性较强，无法获得广泛关注。创意鼓平台的所有项目均为深圳本地项目，积善之家的项目则大部分来自成都。如何推广，获取大流量大范围的关注，成为一大难题。另外，平台发起方一般以中小企业为主，资源和运营能力有限，也制约着平台的发展。在中国一个新的模式，很多人还不太了解的情况下，如何吸引更多的公众来关注公益、投身公益是每个平台必须要思考和解决的问题。

违约风险

针对公益众筹本身，虽然优点是降低了公益参与门槛，提高了公众参与性，但同时，由于公益众筹发起门槛较低，对发起人的资格认定较宽松，项目可能存在一定的违约风险。另外，众筹平台无法对公益项目的回报执行进行监督，虽然有明确的风险提示以及分批将款项拨付给发起人的机制。若在项目回报发放过程中出现争议，众筹平台有免责的权利。可以显见，公益众筹也面临独特的挑战。"因为众筹平台也会有对自己的保护，比如免责条款和风险提示，所以在项目回报执行当中会有一些争议，这些争议平台目前是没有办法得到有效保证的。虽然会先期拨付70%的资金给公益机构，但30%是作为风险保证金，已经拨付的资金是没有办法追讨回来的。"业内人士称，公益众筹对个人和草根机构是开放的，也是有成本的，如果前期花了非常多的精力但是没有达到筹资目标的话，成本是无法收回来的。

公益众筹，还有很长的路要走。很多其实都只是在技术上解决了部分问题，但公益的根本，永远在于人。如果这个社会多数人秉持爱心、善心，那不论是用何种技术手段，爱都会汇聚成河。但如果这个社会的多数人都不会扶起一个街头摔倒的老人，人与人之间充满冷漠和猜疑，再好的技术手段又有什么用？

破解之道

众筹，它应该是一个包括任何梦想的追梦平台。如何将公益众筹转换成梦想平台，需要我们不断尝试和突破创新。作为新兴的公益模式，公益众筹筹的不仅是钱，还有人。作为一种新的思维模式，如何让别人为你的公益埋单呢？公益众筹如何在短时间汇集更多的人力财力呢？公益众筹可以从以下几个"要"中有所突破。

首先也是最重要的一点，要更具安全感。最为关键的是，众筹的募资和项目实行，都必须实现透明化运作，这使得捐赠人可以更清晰地看到资金使用情况，甚至是实时的。这是传统捐赠或投资体系所缺失，也是被公众所诟病的。随着支持方式的变革，如从现金到银行汇款再到基于微信支付等，我们确实感受到了每个人做公益的便捷，但公益项目不透明运作的疑虑从未打消。这种疑虑可以用公益项目信息的充分公开来获得捐赠者认可。这在国外发达国家已经得到充分验证。以美国为例，除了政府硬性规定的公益项目公开的标准、规则外，公益项目的申请、款项募集、拨付及运营费用的预算等要定期公开，接受监管机构的监督，同时慈善评级机构对公益项目公开程度进行评价，一旦慈善机构因信息披露受到质疑，评级就会很低，进而有被公众抛弃的危险。这种情况下，美国的慈善机构及其公益项目不得不在提高透明度上做足功课，甚至允许任何公民去随时查他们的账目。正是这种"晒账本"的做法赢得了公益人士的欢迎。而正在中国兴起的公益众筹，可以借鉴和引用其先进的互联网技术，完全可以使其募资及花费账本透明化，使其公益项目的申请、预算、募资、投向、管理等在众筹平台上得到一一说明，而公益众筹平台所有的捐赠人都可成为该公益项目的监督者，可以设想，这种模式赢得捐款的机会将大大增加。因为无论公益事业的渠道和方式如何创新，公益的根本永远在于人。近期一个联合调查显示，76.9%的网友认为众筹项目最关键的环节是项目的监督，以及项目执行的透明化，对公益众筹项目资金的使用比其他类别的众筹项目要更加谨慎和重要。于是一种能让捐助人清晰地看到资金使用情况，并实时监督资金去向的"晒账本"成为公益众筹项目打消捐赠人疑虑最好的方式。假以时日，这种点对点透明运作的方式，将在一定程度上改变中国公益，尤其是饱受诟病的慈善性公益的形象。

其次并不是所有公益项目都适合公益众筹的方式。没有明确的项目目标及执行方案、无故事可讲、筹资目标不明确、预算不清晰以及无法提供回报的项目做公益众筹比较难，比如救灾和个人救助类的项目就不适合。所以明确自己的方案，做好定位，是公益众筹成功的前提。并且作为公益项目，前期必须要有精准的项目策划，只有将公益项目策划好了，执行起来才更加方便快捷。而公益众筹是一个快速的过程，所以项目策划必须要精准，同时，要懂得创新，千篇一律的公益项目是不可能成功的。

要更具信任感和亲切感。在中国，公益本身就具有相当的号召力，但也存在入口缺失的问题。众所周知，公众对时下的社会性公益团体和一些推行多年的公益项目往往缺乏信任感。之前有一个项目是由5个孩子的爸爸妈妈组成的名为"公益读书人"的组织发起，反而容易获得人们的信任，且这样一个微公益实现微梦想的行为，对于大多数人来说，都是值得尝试的善举。也可以以一些有影响力的人物作为发起人。参与捐助或传播的人对发起人本身的信任会让公益众筹的成功率大大增加。在冰桶挑战赛中，这些名人每次上传视频都是在不断重复发起活动的过程。也因此，就比一般富含奇思妙想的众筹项目，让人更具有信任感和亲切感。

要策划有意思的、利于传播的公益项目，用更鲜活的方式展现公益项目。公益众筹与传统公益相比，周期往往更短。有趣的视频、精美的图片、真诚的感受一定比枯燥的新闻报道要来得鲜活，并且这些元素都是非常利于互联网传播的。还有一个不能忽视的，就是要打动最亲近的圈子，不要脱离群众的关注点来做公益众筹。有些公益慈善项目策划是非常好的，执行力也得到肯定，但是不能很好地抓住群众关注点，不能很好地解决社会问题，那么这样的公益项目注定是会失败的，自然众筹也会失败。想要提高成功率，就不要脱离群众的关注点。因此，在项目策划时就应该思考如何让公益项目在最短的时间内尽可能传播到更广的人群中去。有时候，弱化公益的概念，往往能让人在不知不觉间参与公益。比如冰桶挑战赛就结合了冰桶湿身这样一个有点极限挑战意味的话题以及众多本身就极具话题性的人物。

要更具科普性。从公益出发，最大的价值就是逐步让更多的人参与，从而实现对众筹概念的科普。毕竟立足于社会的公益在某种程度上，较之个人的创业梦想、发明奇思更容易被人接受和传播，也更容易让人通过参与，而获得更进一步探索的欲望，而这，恰恰是众筹平台此刻所真正需要实现的。

要设计一些有趣的回报环节。虽然公益是捐助性质的，但公益众筹可以依托前面提到的有意思的项目策划以及名人的参与，给参与捐助的人一些有趣的回报，可能成功率会更大一些。比如，英国的Prizeo就是利用名人的社会影响力来为慈善活动筹集善款的一个公益众筹平台。他们提供给捐赠者的回报往往是获得名人的私物、与名人单独见面的机会等等。

还要做到发起人与用户有充分的交流。公益众筹对于公益发起人来说，是一个贴近公众的机会，有利于增强捐款者和募款者的互动，有助于公益项目与参与者形成更加紧密的关系，是相当重要的一个环节。

并且我们也知道，移动互联网占用的是用户碎片化的时间，用户浏览快，相比电脑客户端来说，用户的耐心更加少。所以众筹行业如何在短时间内抓住用户的心理，让用户为自己的众筹项目捐款，成为公益众筹移动客户端设计的难点。每个人有不同的需求和喜好，浏览行为也是各有不同，所以这无疑是对公益众筹移动客户端设计人员的一个考验。如何准确定位客户，也是需要去突破的一关。

但仅仅做到这些还不够，对于中国式的众筹平台来说，展示公益，仅仅是一个面，而更多的是通过一个接一个的成功众筹和产品展示，让更多怀揣着梦想的人能够进入到这个平台之中，也让更多或许暂时没有一个精准梦想，但却有能力帮助他人实现梦想，同时也收获回报的人们，成为"梦想助力者"。这或许是比需要对赌的风投和需要爬过漫长程序的银行贷款，更具有让普罗大众成就自身中国梦的一个机会……

随着公益众筹在我国的迅速发展，越来越多的人已经参与到其中。相信众筹移动化会给公益众筹带来全新的面貌，迎来全民众筹，让更多的人参与到公益事业当中来，让更多需要帮助的人得到帮助，让我们的社会更加和谐美好！

第六章
股权众筹

【引导案例】

股权众筹：东台百地医用制品有限公司

发 起 人：东台百地

发起时间：2014年11月5日

项目状态：众筹成功

融资金额：400万元

认投金额：670万元

完 成 率：168%

公司简介：

东台百地医用制品有限公司是一家专门从事医用乳胶制品生产和贸易的中外合资企业，注册资金1613万元，总投资8000万元。所属行业为国家二类医疗器械生产企业，生产基地占地面积70亩，位于江苏东台沿海经济区，属于长三角经济圈范围，到上海、杭州等地需2—3小时。公司的市场部、销售部、政策事务部、研发培训部设在上海。另外在新加坡、越南、澳大利亚、俄罗斯、乌克兰等国分别建立了分公司或办事处。营销安全套、医用手套、检查手套、指套等业务近十年之久，产品功能定位于外科手术、体检、避孕、预防性病和艾滋病等。目前已拥有长期稳定的客户群，同时与国内多家乳胶厂和企业建立了供销联盟。

公司基于医用产品的自身特点，建立起"健康高于财富"的企业文化，配套人性化的营销服务策略，对产品质量控制和性能检测有着严格的管理程序和制度。为了提高产品的市场竞争力，公司通过大宗采购战略联盟等形式有效降低原材料采购成本，通过技术研发节约能耗，在保证产品质量的前提下降低成本，最大限度地保证经销商的利益。东台百地医用制品有限公司本着"诚信经营、信誉至上、互利双赢"的经营理念，推动企业发展，打造值得客户信赖的知名企业，为人类健康服务。

百地团队：

国际组合6人，博士3人，硕士3人，来自中国香港、上海，以及俄罗斯，专长分别在经济管理、市场营销和技术研发等不同领域，组合优势超出了任何个人作用的简单加和，为百地发展提供了资源支持。

生产团队来自国内知名的乳胶企业，有20年以上的行业经验，为生产控制提供了保障。

生产规模：

目前2条生产线，产能2亿只/年，明年增至4条线，产能4亿只/年，目标达到8条线。

产品创新技术与专利：

（1）具有共轭双生色团的可见光致变色化合物及其合成方法和用途，专利号：201010104856.5。

（2）添加壳聚糖/丝胶的天然橡胶液体浆料及其制备方法，专利号：200910198482.5。

（3）具有丝胶改性表面的医用安全级橡胶制品和它的制备方法，专利号：200910197790.6。

（4）一种导热感触性乳胶制品及制备法，专利号：200910198990.3。

（5）一种导热感触性乳胶制品及制备方法和用途，专利号：200910199627.3。

（6）用纳米粒子改性天然乳胶浆液及其制备方法，专利号：201310008067.5。

（7）理疗型男用避孕安全套，专利号：2005200392004。

（8）生物隔离脱模剂（专利申请中）。

（9）水性保健润滑剂（专利申请中）。

技术创新产品：

非致敏安全套　　　　　（欧美健康标准市场）

超薄致密型安全套　　　（男性消费体验）

香柔型安全套　　　　　（女性消费体验）

立邦助挺套　　　　　　（男性体验）

聚氨酯超薄男性安全套　（男性体验）

异型情趣套　　　　　　（情趣体验）

热触感型安全套　　　　（特殊需求市场）

安全防身避孕套　　　　　　（学生人群）

医用B超套　　　　　　　　　（医院需求市场）

具有抗菌、消炎、细胞修复等功效的润滑剂

天然橡胶改性浆液　　　　　　（关键中间体母液）

主营业务：

上述品牌在俄罗斯市场占有率为30%，在白俄罗斯市场占有率为60%，在乌克兰、哈萨克斯坦、亚美尼亚等独联体国家的市场占有率接近40%。

国内市场以十二星座为主打自主品牌，电商和商超渠道正在策划之中，现已有多家意向合作者。

第一节　股权众筹的相关定义与流程

1. 定义

众筹作为网络商业的一种新模式，来源于众包，与众包的广泛性不同，众筹主要侧重于资金方面的帮助。具体而言，众筹是指项目发起者通过利用互联网和SNS传播的特性，发动众人的力量，集中大家的资金、能力和渠道，为小企业、艺术家或个人进行某项活动或某个项目或创办企业提供必要的资金援助的一种融资方式。

股权众筹是指公司出让一定比例的股份，面向普通投资者，投资者则通过投资入股公司，以获得未来收益。这种基于互联网渠道而进行融资的模式被称作股权众筹。客观地说，股权众筹与投资者在新股IPO申购股票本质上并无太大区别，但在互联网金融领域，股权众筹主要指向较早期的私募股权投资，是天使和VC的投资标的。

2. 分类

从投资者的角度，以股权众筹是否提供担保为依据，可将股权众筹分为无担保的股权众筹和有担保的股权众筹两大类。前者是指投资人在进行众筹投资的过程中没有第三方公司提供相关权益问题的担保，目前国内基本上都是无担保股权众筹；后者是指股权众筹项目在进行众筹的同时，有第三方公司提供相关权益的担保，这种担保是固定期限的担保。国内目前只有贷帮的众筹项目提供担保服务，这种模式尚未被多数平台接受。

3. 参与主体

股权众筹运营当中，主要参与主体包括筹资人、出资人和众筹平台三个组成部分，部分平台还专门指定有托管人：

（1）筹资人。筹资人又称发起人，通常是指融资过程中需要资金的创业企业或项目，他们通过众筹平台发布企业或项目融资信息以及可出让的股权比例。

（2）出资人。出资人往往是数量庞大的互联网用户，他们利用在线支付等方式对自己觉得有投资价值的创业企业或项目进行小额投资。待筹资成功后，出资人获得创业企业或项目一定比例的股权。

（3）众筹平台。众筹平台是指连接筹资人和出资人的媒介，其主要职责是利用网络技术支持，根据相关法律法规，将项目发起人的创意和融资需求信息发布在虚拟空间里，供投资人选择，并在筹资成功后负有一定的监督义务。

（4）托管人。为保证各出资人的资金安全，以及出资人资金切实用于创业企业或项目和筹资不成功资金的及时返回，众筹平台一般都会指定专门银行担任托管人，履行资金托管职责。

4. 运作流程

股权众筹一般运作流程大致如下：

（1）创业企业或项目的发起人，向众筹平台提交项目策划或商业计划书，并设定拟筹资金额、可让渡的股权比例及筹款的截止日期。

（2）众筹平台对筹资人提交的项目策划书或商业计划书进行审核，审核的范围具体包括但不限于真实性、完整性、可执行性以及投资价值。

（3）众筹平台审核通过后，在网络上发布相应的项目信息和融资信息。

（4）对该创业企业或项目感兴趣的个人或团队，可以在目标期限内承诺或实际交付一定数量资金。

（5）目标期限截止，筹资成功的，出资人与筹资人签订相关协议；筹资不成功的，资金退回各出资人。

通过以上流程分析，与私募股权投资相比，股权众筹主要通过互联网完成募资环节，所以，又称其为私募股权互联网化。

详解运作流程

一、尽职调查

1. 尽职调查阶段

（1）第一阶段——摸底阶段（耗时约1周时间）

在协议签订后介入，该阶段目的系对拟挂牌主体的财务状况进行摸底，为改制做准备。对报告期财务报表的所有科目进行查看，大致了解其核算内容及核算的规范性。

重点关注以下问题：收入确认原则、成本结转方法、存货核算情况、注册资本真实性、关联方及关联交易、税务情况、内控情况。

（2）第二阶段——改制阶段（耗时约1周时间）

在改制审计报告出具前介入，该阶段目的系核实摸底阶段所发现的重大问题在改制前是否已经解决，确保改制审计报告不存在重大原则性问题。

（3）第三阶段——尽职调查实质阶段（耗时约2—4周时间）

在股份公司成立后介入，该阶段目的是按照尽职调查指引的要求，在审计的基础上，对公司财务状况进行详细调查，制作备案文件核心材料，包括尽职调查底稿、尽职调查报告、股份报价转让说明书。

因项目差异，在实践中部分阶段可能会合并进行。

2. 尽职调查方法

（1）收入调查

① 了解公司业务流程；② 获取合同台账，抽查大额业务合同；

③ 根据业务流程及合同判断收入确认原则；④ 公司实际收入原则。

（2）成本结转

① 公司成本结转方法；② 成本结转与收入确认是否配比；③ 报告期毛利率波动情况。

（3）存货核算：

① 是否有数量金额账；② 原材料入库是否有发票支持；③ 产成品出库与销售数量是否相符；④ 期末账实是否相符。

（4）实收资本

① 货币出资是否到位；② 无形资产出资的作价依据，是否有投入生产，产品收益是否符合评估预期；③ 有形资产出资是否有发票，发票抬头是否为出资人，资产是否投入公司，资产目前状况，需办理过户的是否已办理权属变更。

二、辅导改制

以下为股份公司设立的主要规定（财务方面）：

1. 发起人数规定

2—200人，需半数以上的发起人在中国境内有住所。

2. 注册资本规定

最低限额为人民币500万元，上市公司最低限额3000万，为全体发起人认购的股本总额，首期出资不低于注册资本20%，其余自公司成立之日起两年内缴足，投资公司可放宽至5年。

3. 发起人出资方式

货币、实物、知识产权、土地使用权等可以用货币估价并可以转让的财产，全体股东货币出资金额不得低于注册资本的30%；非货币出资应当评估作价，核实资产（适合新设模式），并依法办理产权转移手续。

4. 有限责任公司变更为股份有限公司

折合的实收股本总额不得高于公司净资产；有限责任公司变更股份有限公司，为增加资本公开发行股份时，应当依法办理。

三、规范账务

1. 规范内控制度

（1）财政部已颁布一个基本规范，包括18个指引，已在上市公司实施。

（2）应制定完善的内控制度，并有效执行，以合理保证财务报告的可靠性、生产经营的合法性、营运的效率与效果。

（3）公司应设有独立财务部门进行独立的财务会计核算。

（4）规范会计工作基础。

（5）规范会计核算：不设账外账，以实际发生的交易或者事项为依据，收入确认、成本核算真实、完整且收入、成本配比合理，注册会计师出具无保留意见审计报告。

（6）从严控制对外担保：在章程及制度中明确对外担保的审批权限和审议程序；不为控股股东、实际控制人及其控制的其他企业违规担保。

（7）建立严格的资金管理制度：报告期内不应存在股东包括控股股东、实际控制人及其关联方占用公司资金、资产或其他资源的情形。如有，应在申请挂牌前予以归还或规范。

2. 规范关联交易

关联交易通常较易成为粉饰会计报表、调控利润的工具，并可能严重影响独立性。

（1）关联方的界定

① 会计准则

企业：有控制关系的企业、对该企业实施共同控制的投资方、有直接施加或被施加重大影响的企业。

自然人：主要投资者个人、关键管理人员及其关系密切的家庭成员，以及这些个人控制或施加重大影响的企业。

② 证监会监管和规范的关联方

能够控制公司或影响公司的决策而损害公司利益的各方，包括潜在关联人。

③ 招股说明书准则：持5%以上股份股东

关联交易通常较易成为粉饰会计报表、调控利润的工具，并可能严重影响独立性。

（2）关联交易的必要性和公允性

关联交易价格公允，不存在通过关联交易操纵利润的情形；避免不必要的关联交易；不与股东发生非经营性往来；及时收加关联方欠款；合理控制关联交易的比重。

（3）防止关联交易非关联化

（4）关联交易的披露

应完整披露关联方关系并按重要性原则恰当披露关联交易；往来应披露发生额，不应仅披露余额。

四、规范会计政策

1.执行2006年颁布的企业会计准则。

2.应采用稳健的会计政策和会计估计。

3.对相同或者相似的经济业务，应选用一致的会计政策，不得随意变更，如加速折旧。

五、规范税务风险，依法纳税

1. 妥善处理股份改制净资产折股所涉及的纳税问题。

2. 高新技术企业、软件企业等可争取正当的税收优惠。

3. 杜绝税收方面的重大违法违规行为，如关税、企业所得税方面等。

第二节　股权众筹的运营模式与监管法律

一、股权众筹运营的不同模式

国内股权众筹的发展，从2011年最早成立的天使汇至今，也就是4年左右的时间。其间，产生了大量的众筹平台，如大家投、同筹荟、好投网、原始会、人人投、我爱创等。2014年更是被称为中国众筹元年，5月22日全球众筹峰会在北京召开，股权众筹更是成为关注焦点。

当下，根据我国特定的法律、法规和政策，股权众筹从运营模式上可分为凭证式、会籍式和天使式三大类，下面逐一介绍：

1.凭证式众筹

凭证式众筹主要是指在互联网通过卖凭证和股权捆绑的形式来进行募资，出资人付出资金取得相关凭证，该凭证又直接与创业企业或项目的股权挂钩，但投资者不成为股东。

2013年3月，一植物护肤品牌"花草事"高调在淘宝网销售自己公司原始股。花草事品牌对公司未来1年的销售收入和品牌知名度进行估值并拆分为2000万股，每股作价1.8元，100股起认购，计划通过网络私募200万股。股份以会员卡形式出售，每张会员卡面值人民币180元，每购买1张会员卡赠送股份100股，自然人每人最多认购100张。

稍在花草事之前，美微传媒也采用了大致相同的模式，都是出资人购买会员卡，公司附赠相应的原始股份，一度在业内引起轩然大波。

需要说明的是，国内目前还没有专门做凭证式众筹的平台，上述两个案例筹资过程当中，都不同程度被相关部门叫停。

2.会籍式众筹

会籍式众筹主要是指在互联网上通过熟人介绍，出资人付出资金，直接成为被投资企业的股东。国内最著名的例子当属3W咖啡。

2012年，3W咖啡通过微博招募原始股东，每个人10股，每股6000元，相当于一个人6万元。很多人并不是特别在意6万元钱，花点小钱成为一家咖啡馆的股东，可以发展更多人脉，进行业务交流。很快3W咖啡汇集了一大帮知名投资人、创业者、企业高管等（如沈南鹏、徐小平）数百位知名人士，股东阵容堪称华丽。

3W咖啡引爆了中国众筹式创业咖啡在2012年的流行。没过多久，几乎每个规模城市都出现了众筹式的咖啡厅。应当说，3W咖啡是我国股权众筹软着陆的成功典范，具有一定的借鉴意义，但也应该看到，这种会籍式的咖啡厅，很少有出资人是奔着财务盈利的目的去的，更多股东在意的是其提供的人脉价值、投资机会和交流价值等。

3.天使式众筹

与凭证式、会籍式众筹不同，天使式众筹更接近天使投资或VC的模式，出资人通过互联网寻找投资企业或项目，付出资金或直接或间接成为该公司的股东，同时出资人往往伴有明确的财务回报要求。

以大家投网站为例，假设某个创业企业需要融资100万元，出让20%的股份，在网站上发布相关信息后，A做领投人，出资5万元，B、C、D、E、F做跟投人，分别出资20万、10万、3万、50万、12万元。凑满融资额度后，所有出资人就按照各自出资比例占有创业公司20%的股份，然后再转入线下办理有限合伙企业成立、投资协议签订、工商变更等手续，该项目融资计划就算顺利完成。

确切地说，天使式众筹应该是股权众筹模式的典型代表，除了募资环节通过互联网完成外，它与现实生活中的天使投资、VC基本没多大区别。但是互联网给诸多潜在的出资人提供了投资机会，再加上对出资人几乎不设门槛，所以这种模式又有"全民天使"之称。下文的法律风险及监管也会主要针对这一模式。

二、股权众筹的法律监管

作为股权众筹发源地的美国，2012年4月即颁布了JOBS法案。英国FCA（金融行为监管局）也于2014年3月6日发布了《关于网络众筹和通过其他方式发行不易变现证券的监管规则》（以下简称《众筹监管规则》）。目前中国还没有专门针对股权众筹的法规。

1.美国JOBS法案

JOBS法案中关于股权众筹的主要内容有以下五项：

（1）股权众筹标准及投资人要求

JOBS法案首先解除了创业企业不得以一般劝诱或广告方式非公开发行股票的限制，这使得股权众筹在法律上获得正式认可。

法案另对股权众筹标准及投资人分别做出规定：

① 对每一个项目而言，其融资规模在12个月内不能超过100万美金。

② 如果投资者年收入和净值均不超过10万美元，其出资规模不超过2000美元或该投资者5%年收入或净值（以较大者为准）；如果投资者年收入和净值达到或超过10万美元，其出资规模不超过该投资者10%年收入或净值，最多不超过10万美元。

（2）众筹平台注册登记义务

JOBS法案明确免除了众筹平台登记成为证券经纪商或证券交易商的义务。也就是说，众筹平台需要在SEC登记，仍然在SEC的监管下。即使在一定条件下免除登记注册为经纪交易商，仍然需要众筹平台是一个注册的全国性交易证券协会的成员，或接受SEC检查、执法。

（3）对众筹平台的内部人员限制

JOBS法案严禁平台内部人员通过平台上的证券交易获利，主要包括两个方面：一是禁止向第三方宣传机构或者个人提供报酬，这是对众筹网站解除公开宣传禁令之后实施的附加经济限制；二是禁止众筹平台管理层从业务关联方获得直接经济利益，这是对众筹平台自身合规性的进一步要求。

（4）众筹平台信息披露

众筹平台的信息强制披露义务包括两个方面，第一是对投资者的风险告知义务，第二是对交易行为本身的信息披露义务。

风险告知义务缘于股权投资的高风险性，JOBS法案要求必须对投资者给予足够的风险提示，包括：按照证券交易委员的适当规则，审核投资者信息；明确投资者已经了解所有投资存在损失的风险，并且投资者能够承担投资损失；通过回答问题，表明投资者了解初创企业、新兴企业以及小型证券发行机构的一般风险等级，了解投资无法立即变现的风险；按照证券交易委员会确定的适当规则，了解此外其他相关事项。

交易信息披露义务方面，法案规定众筹平台应采取SEC的规定，降低交易欺诈风险，包括了解每个证券发行机构高管、董事以及拥有20%可流通股股东的个人背景，以及证券执法监管历史记录，同时在证券销售前21天内（或SEC规定的其他时间段内），向SEC和潜在投资者呈现证券发行机构规定的相关信息。

2.英国《众筹监管规则》

对于股权众筹，FCA已经有相应的监管规则，此次只是增加了一些新的规定：

（1）投资者限制

投资者必须是高资产投资人，指年收入超过10万英镑或净资产超过25万英镑（不含常住房产、养老保险金）；或者是经过FCA授权的机构认证的成熟投资者。

（2）投资额度限制

非成熟投资者（投资众筹项目2个以下的投资人），其投资额不得超过其净资产（不含常住房产、养老保险金）的10%，成熟投资者不受此限制。

（3）投资咨询要求

众筹平台需要对项目提供简单的说明，但是如果说明构成投资建议，如星级评价、每周最佳投资等，则需要再向FCA申请投资咨询机构的授权。

第三节　中国股权众筹的困惑

股权众筹的困惑主要体现在：运营的合法性问题，这中间可能涉及最多的就是非法吸收公众存款和非法发行证券；出资人的利益保护问题。

1.运营的合法性问题

股权众筹运行的合法性，主要是指众筹平台运营中时常伴有非法吸收公众存款和非法发行证券的风险，而很多从业人员包括相关法律人士对此也是认识不一。

（1）非法吸收公众存款的风险

众所周知，在目前金融管制的大背景下，民间融资渠道不畅，非法吸收公众存款以各种形态频繁发生，引发了较为严重的社会问题。股权众筹模式推出后，因非法集资的红线，至今仍是低调蹒跚前行。

2010年12月《最高人民法院关于审理非法集资刑事案件具体应用法律若干问题的解释》第一条规定：违反国家金融管理法律规定，向社会公众（包括单位和个人）吸收资金的行为，同时具备下列四个条件的，除刑法另有规定的以外，应当认定为刑法第一百七十六条规定的"非法吸收公众存款或者变相吸收公众存款"：

① 未经有关部门依法批准或者借用合法经营的形式吸收资金。

② 通过媒体、推介会、传单、手机短信等途径向社会公开宣传。

③ 承诺在一定期限内以货币、实物、股权等方式还本付息或者给付回报。

④ 向社会公众即社会不特定对象吸收资金。

未向社会公开宣传，在亲友或者单位内部针对特定对象吸收资金的，不属于非法吸收或者变相吸收公众存款。

该司法解释同时要求，在认定非法吸收公众存款行为时，上述四个要件必须同时具备，缺一不可。因此，股权众筹运营过程中对非法吸收公众存款风险的规避，应当主要围绕这四个要件展开。

首先，就前两个要件而言，基本上是无法规避的。股权众筹运营伊始，就是不经批准的；再者，股权众筹最大特征就是通过互联网进行筹资，而当下互联网这一途径，一般都会被认为属于向社会公开宣传。所以，这两个要件是没有办法规避的。

其次，针对承诺固定回报要件，实践中有两种理解：一种观点是不能以股权作为回报；另一种观点则是可以给予股权，但不能对股权承诺固定回报。如果是后一种观点还好办，效仿私募股权基金募集资金时的做法，使用"预期收益率"的措辞可勉强过关；如果是前一种观点，则相应要复杂一些，可以采取线上转入线下的方式，也可采取有限合伙的方式，或者若干出资人的股权由某一特定人代持。

再次，对于向社会不特定对象吸收资金这一要件，本来股权众筹就是面向不特定对象的，所以必须要做处理。实践中有的众筹平台设立投资人认证制度，给予投资人一定的门槛和数量限制，借此把不特定对象变成特定对象，代表平台如大家投；也有的平台先为创业企业或项目建立会员圈，然后在会员圈内筹资，借以规避不特定对象的禁止性规定。

（2）非法发行证券的风险

我国《证券法》于1998年12月制定，历经4次修改，其中第十条规定：公开发行证券，必须符合法律、行政法规规定的条件，并依法报经国务院证券监督管理机构或者国务院授权的部门核准；未经依法核准，任何单位和个人不得公开发行证券。

有下列情形之一的，为公开发行：

① 向不特定对象发行证券的。

② 向特定对象发行证券累计超过200人的。

③ 法律、行政法规规定的其他发行行为。

非公开发行证券，不得采用广告、公开劝诱和变相公开方式。

首先必须提到的是，迄今为止，《证券法》并未对"证券"给出明确的定义，究竟有限责任公司的股权和股份有限公司的股份是否属于《证券法》规定的"证券"，业界仍有一定的争议；但前文提到的美微传媒被证监会叫停，显然主管部门更倾向于认定股权属于证券范畴。

针对《证券法》第十条，有三个问题值得关注：

问题一：公开发行必须符合法律、行政法规规定的条件。

问题二：如何认定公开发行，什么是面向特定对象和面向不特定对象发行？

问题三：200人是打通计算，还是仅看表面？

回答一：什么是必须符合法律、行政法规规定的条件。

公开发行一般对公司有一定的要求，如要求公司的组织形态一般是股份有限公司，必须具备健全且运行良好的组织机构，具有持续盈利能力，财务状况良好，最近三年内财务会计文件无虚假记载，无其他重大违法行为，以及满足国务院或者国务院证券监督管理机构规定的其他条件。

股权众筹项目显然通常都不具备这些条件，绝大多数众筹项目在众筹计划发布时公司都尚未注册成立，更别提具备好的财务记录了，显然不具备公开发行证券的条件，因此只能选择不公开发行了。

回答二：非公开发行。

应该说这个规定发布的时候网络等新媒体还没有那么发达，而现在微博、微信等已经非常发达，那么现在通过互联网等平台发布众筹计划属不属于采用广告或变相公开的方式发布就成为一个问题了。众筹这种方式它的本质就是"众"，就是说它面向的范围会比较广，它又是一个新生事物，以互联网等平台聚集人气，如果法律对这些都进行强制性的规制，无疑会扼杀这个新兴的具备活力的创业模式。

是否符合面向特定对象的不公开发行，实践中判断时大致采用两个标准：一是投资人是否限定在一定范围内；二是发行数额是否有上限、是否可以随时增加。

　　针对前一标准，投资人限定范围大小，是否构成特定对象不好判断，但后一标准相对比较好把握，比如众筹计划募集的资金和股份是不是有限制的，是不是有一个特定的数额，如果没有限制随时都可以增加可能就存在问题。

　　回答三：向特定对象发行累计超过200人。

　　不超过200人，是数量上的禁止性规定，这个在实践中比较容易把控。但有一点是，这200人的认定，是打通计算，还是仅看表面？如果是打通计算，也就是说股权众筹最多只能向200人筹资。如果是仅看表面，那么众筹平台在实践中就会有许多变通方式。

2.出资人的利益保护

　　在股权众筹模式中，出资人的利益分别涉及以下几个方面：

　　（1）信任度

　　由于当下国内法律、法规及政策限制，股权众筹运营过程中，出资人或采用有限合伙企业模式或采用股份代持模式，进行相应的风险规避。但问题是在众筹平台上，出资人基本互相都不认识，有限合伙模式中起主导作用的是领投人，股份代持模式中代持人至关重要，如遭到质疑最多的是领投人的尽职调查可信度问题。在2013年10月9日《中国证券报》刊发的《国内众筹平台闯入股权融资"禁地"》一文中，就有律师提出跟投人为什么要相信领投人的疑问。分析人士认为，"领投+跟投"是个有争议的机制，好的一面是较为专业的领投人可以帮助散户完成尽职调查和在估值上做出专业判断，不足的一面是如果领投人跟创业者串通，该机制就形同虚设。

不难看出数量众多的出资人如何建立对领投人或代持人的信任很是关键。

　　鉴于目前参与众筹的许多国内投资者并不具备专业的投资能力，也无法对项目的风险进行准确的评估，同时为解决信任度问题，股权众筹平台从国外借鉴的一个最通用模式即合投机制，由天使投资人对某个项目进行领投，再由普通投资者进行跟投，领投人代表跟投人对项目进行投后管理，出席董事会，获得一定的利益分成。这里的领投人，往往都是业内较为著名的天使投资人。但该措施或许只管得了一时，长期却很难发挥作用。这是因为众筹平台上项目过多，难以找到很多知名天使投资人，不知名的天使投资人又很难获得出资人信任；另外天使投资人往往会成为有限合伙企业的GP，一旦其参与众筹项目过多，精力难以兼顾。解决问题的核心还是出资人尽快成长起来。

　　另外，众筹模式中采用股份代持的，代持人通常是创业企业或项目的法定代表人，其自身与创业企业的利益息息相关，出资人应当注意所签代持协议内容的完整性。

　　最后，非市场化的估值办法也给投资者带来了困扰。此前大家投项目的估值是投资经理在审核项目的时候直接跟创业者协商确定，投资人在认投的过程中没有议价的权利，没有实现真正意义上的估值的市场化。"绝大多数投资人认为股权众筹平台上的项目估值过高。"大家投网站内部人士透露。这些问题都是亟须解决的。

　　（2）安全性

　　目前，从国内外众筹平台运行的状况看，尽管筹资人和出资人之间属于公司和股东的关系，但出资人显然处于信息弱势的地位，其权益极易受到损害。

众筹平台一般会承诺在筹资人筹资失败后，确保资金返还给出资人，这一承诺是建立在第三方银行托管或者投付宝类似产品基础上。但众筹平台一般都不会规定筹资人筹资成功但无法兑现对出资人的承诺时，对出资人是否会返还出资。当筹资人筹资成功却无法兑现对出资人承诺的回报时，既没有对筹资人的惩罚机制，也没有对出资人权益的救济机制，众筹平台对出资人也没有任何退款机制。

严格来说，既然是股权投资，就不应该要求有固定回报，否则又变成了明股实债。但筹资人至少应当在项目融资相关资料中向出资人揭示预期收益。一旦预期收益不能实现，实践中又会形成一定的纠纷。

（3）知情权和监督权

出资人作为投资股东，在投资后有权获得公司正确使用所筹资金的信息，也有权获得公司运营状况的相关财务信息，这是股东权利的基本内涵。

虽然行业内规定众筹平台对资金运用有监管的义务，但因参与主体的分散性、空间的广泛性以及众筹平台自身条件的限制，在现实条件下难以完成对整个资金链运作的监管，即使明知筹资人未按承诺用途运用资金，也无法对其进行有效制止和风险防范。

该环节有点类似私募股权投资的投后管理阶段，出资人作为股东，了解所投公司的运营状况是其基本权利。行业内虽对众筹平台有类似规定，但实践中缺乏可操作性，只能寄期望于不久出台的法规对众筹平台的强制性要求，以及对不履行义务者的重度处罚。同时，对于公司或众筹平台发布或传递给出资人的相关信息，如果能明确要求有专业律师的认证更好。

（4）股权的转让或退出

众筹股东的退出机制主要通过回购和转让这两种方式。如采用回购方式，原则上公司自身不能进行回购的，最好由公司的创始人或实际控制人进行回购。采用股权转让方式，原则上应当遵循《公司法》的相关规定。

上述提到的公司创始人回购或者直接股权转让，如果出资人直接持有公司股权，就相对简单。但实践中大多采用有限合伙企业或股份代持模式，出资人如要转让或退出，就涉及有限合伙份额的转让和代持份额的转让。关于这一点，最好能在投资前的有限合伙协议书或股份代持协议书中明确约定。在解决了由谁来接盘的问题后，具体的受让价格约定又是一个难题。由于公司尚未上市没有一个合理的定价，也很难有同行业的参考标准，所以建议在出资入股时就在协议书里约定清楚。比如有的众筹项目在入股协议书里约定，发生这种情况时由所有股东给出一个评估价，取其中的平均值作为转让价，也有的约定以原始的出资价作为转让价。

3.众筹平台盈利模式困惑

目前的股权众筹平台都比较艰难，未来的盈利模式还有待进一步创新。在现有情况下，天使客的盈利模式最丰富：项目挂上平台便收取募资额的5%作为服务费，项目融资成功另收取5%作为顾问费用，项目退出时平台也分享部分投资收益，平台自身还可能跟投项目获取相应收益。平台需要增强自己的用户体验度。目前，众筹平台大部分都是项目方成功融资后,从融资方拿到项目的服务费。然而这种收费模式比较单一,同时项目方和投资方跳单就会减弱众筹平台的服务能力。

第四节　股权众筹的发展机遇

众筹发展机遇之法律法规及政策方面

由于股权众筹在我国起步较晚,所以至今尚无股权众筹的相关法律、法规或监管政策。不过,事情正在发生变化,目前股权众筹已经明确归属于证监会监管。而近期证监会明确表示,众筹模式对拓宽中小微企业融资渠道有积极意义。证监会正在对股权众筹模式进行调研,将适时出台指导意见,促进健康发展,保护投资人合法权益,防范金融风险。

据悉,筹备中的《对股权众筹平台指导意见》(以下简称《指导意见》)提出,公司股东不得超过200个,单个股东投资金额不得超过2.5万元,整体投资规模控制在500万元内。当然,个人认为这一标准还是偏低,重要的是,除了标准外,《指导意见》应该同时建立起配套制度,如合格投资者的认定、信息披露的要求等。

众筹发展机遇之政府及政策认可

2014年11月19日,国务院总理李克强主持召开国务院常务会议,指出要"建立资本市场小额融资快速机制,开展股权众筹融资试点"，这是中国政府首次在公开场合支持、肯定股权众筹的发展，给股权众筹从业者吃了一颗定心丸。

2014年11月26日监管层主持召开股权众筹融资中介机构座谈会，邀请国内著名众筹平台如大家投、人人投、天使客、众投邦、银杏果等，为股权众筹监管条例的出台做准备，在行业内引起了比较大的反响。从业者一直积极地向监管层谏言，希望能够为股权众筹预留更大的空间。

2014年12月18日，中国证券行业协会公布了《私募股权众筹融资管理办法（试行）（征求意见稿）》（以下简称《办法》）。作为第一部涉及众筹行业的监管规则，《办法》就股权众筹监管的一系列问题进行了初步界定，包括股权众筹非公开发行的性质、股权众筹平台的定位、投资者的界定和保护、融资者的义务等。但是，《办法》对股权众筹平台特别是合格投资者做出了比较高的门槛规定，引起了比较大的争议。随后各平台积极与监管层沟通，希望股权众筹的正式监管要求能够有所降低。

众筹发展机遇之行业整体倍增

2014年第一季度，国内众筹募资总金额约5245万元，其中包括奖励众筹募资520万元、股权众筹募资4725万元。2014年第二季度累计募资13546万元，环比增长了158.3%。其中奖励众筹募资金额2708万元，环比上涨420.8%；股权众筹募资金额10838万元，环比上涨129.4%。2014年第三季度，众筹募资总金额达到27586万元，较上一季度增长了103.6%，奖励众筹达到7302万元，股权众筹达到20284亿元。第四季度我国众筹募资总金额累计突破4.5亿元，其中包括奖励众筹10435万元、股权众筹34682万元。可见众筹规模在2014年，各个季度都达到了成倍增长，我国国内众筹行业仍处于飞速发展阶段。

在奖励式众筹方面，国内最大的众筹平台众筹网募资额超过7000万元，继续领跑市场。

在股权式众筹方面，天使汇、原始会、天使街三大平台还在激烈竞争，其中天使汇继续保持先发优势，处于领先地位。同筹荟只允许在上海股权交易中心挂牌企业在此平台上发布众筹项目，减少部分法律风险，其创新性的众筹模式在股权众筹中一枝独秀。

众筹发展机遇之众筹乱局隐现

2014年3月，阿里巴巴推出娱乐宝，冠以"娱乐众筹"的名义推出。之后百度也推出了相应的百发有戏。

6月，团贷网以"1000元买豪宅"的口号推出"房宝宝"，在众筹名义下销售金额9231万元，参与人数共5597人次。

9月，京东商城推出"三个爸爸"智能空气净化器京东众筹项目，成为京东众筹上线以来首个千万资金级别的项目。

11月，众筹成立的"西少爷肉夹馍"的一名创始人宋鑫，在北京发文声讨西少爷CEO孟兵，称西少爷孟兵欠钱不还。公司创立一共众筹到85万，到现在一年多了，公司财务报表没看到过，分红更是没有人拿到，就连众筹人老婆生孩子急需用钱本金却都拿不回来，多次联系无果。对此，西少爷另外两位创始人罗高景、袁泽陆做出回应，称宋鑫歪曲事实，好吃懒做，借机炒作。

类似事件不时见诸报端，乱象频现。

诸如娱乐宝等噱头，实质上是售卖保险理财产品；房宝宝则与集资炒房无异；"三个爸爸"就是空气净化器的电子商务团购倾销，即"爆款营销"；而西少爷更是暴露出目前以众筹名义开展的线下集资之混乱。

2015年，随着监管政策的出台和完善，众筹市场或将步入规范化轨道。

众筹作为新事物，大多数人分不清楚其与众包的差异。比如此前有几个流传甚广的段子，在此进行对比解答，以正视听：

1.众筹是新时期乞讨的代名词？非也。众筹是有明确的筹资时间和筹资目标，乞讨则是无限制的永续存在。这和非法集资的直接差别同理。

2.众筹是我来请客，让客人分别带来酒水、锅底、蔬菜？非也。这种行为叫做众包，即将设定好结果的项目进行分拆，由参与者共同实现。

3.众筹就是筹人、筹资源？非也。众筹是一项金融业务，根据性质不同分别由证监会和银监会管理。即第一属性是筹资金。至于人、资源，这都是这个过程中的副产品。啥事情不需要人呢？

中国股权众筹行业联盟成立

2014年10月31日，由大家投、爱合投、云筹网、原始会、天使街等十家股权众筹机构，联合发起的第一届股权众筹（深圳）大会召开，并宣布成立中国股权众筹行业联盟。

作为民间自发组织，中国股权众筹行业联盟成员希望能建立彼此帮助、互相学习的环境，共同与监管层进行交流沟通。

未来展望

这是最好的时代，互联网赋予了我们将一切理想转化为现实的可能，国家层面对股权众筹的认可及支持呼之欲出，股权众筹挑战着我们每个人的创新力和想象力，"全民天使"时代至少已经开始向我们走来。毕竟，股权众筹还是一个新生的事物，在不久的将来必会爆发出强大的生命力，迎来阳光灿烂的春天。

第七章
众筹的技巧

【引导案例】

京东的"可乐"，你要尝尝吗？

众筹实在太火了，从智能硬件到房地产，从几个人玩众筹到国内第一档众筹真人秀节目登场，众筹已经成为互联网时代的圆梦新基地。

但众筹与手机结合将会诞生出什么创意呢？

2014年12月9日，大可乐3在京东众筹上表现疯狂：1分钟，突破百万；12分钟，突破千万；25分钟，10000个大可乐3手机成功预售，众筹金额超1600万。原计划持续30天的众筹，提前宣告结束。参与众筹的10000人，成为"梦想合伙人"，不仅每年将免费换一次新款手机，还将开始插手管理大可乐相关事务。

大可乐3刷新了国内众筹领域的众多纪录。

这个案例引起了广泛关注，不少人表示看不懂。大可乐3售价为1499元，其实性价比已经不错了，有心想换机的消费者会出得起这个价钱；但大可乐3仍出人意料地采用众筹方式，且终生免费换新，这招确实够毒，毒在手机营销创新。

这次在京东的众筹能够取得成功，和以下几个方面是息息相关的：

第一，大可乐3无论是软件应用还是硬件配置都有可圈可点之处。好产品，用户自己会识别。

第二，在京东众筹之前，大可乐手机展开了全方位传播，从线上微信，微博，论坛，百度的话题营销、事件营销，到线下的发布会、媒体等，广告更是铺天盖地。这次是社会化传播方式，尤其具有爆发力。

该项目做社群营销，获得了很大的成功，这也充分说明了社群营销的价值很大。现在这个领域才刚刚开始，还没有多少厂商在用，这块营销天地大有可为。

第三，发起人公司全体员工都在微信朋友圈及时分享众筹信息，公司内部做出排名和奖励，让我们再一次见证了微营销的力量。

这正印证了那句话：好产品，就要让更多人知道。

第四，解决了非常有诱惑力的一个痛点：一次购机，终生免费换新机，成为大可乐的"梦想合伙人"。这个新模式，行业内前所未有，引发了公众的关注和好奇，大家的参与热情较高。事实上，要想成功，必须做个"三好学生"，好模式、好产品、好营销，这样才有竞争力。

第五，病毒式营销。这应该是一个话题性的产品，现在我们说移动互联网时代大家都要做好产品，但仅仅做好产品还不够，还要做有话题性的好产品。如果说好产品会说话，那么富有争议的产品就会把话题变成传染病毒，大可乐3就是这样一款具有传染病毒特性的好产品。

第一节　众筹来袭，你准备好了吗

众筹这种形式的出现，提供了一种使创业成本最低的最有效的方式，也同时让多层次资本市场有了一种新的融资方式，让互联网金融蓬勃发展有了一种新的可能。众筹帮助了怀揣梦想的创业者在更广大的平台从更多的陌生人那里获得各种支持，无论是筹人、筹智、筹钱还是筹更多的资源，从而让更多的梦想绽放。

然而众筹不是万金油，从全世界最大的众筹平台Kickstater来看，大约有44%的众筹项目能够成功。毛主席曾经说过不打无准备之仗，不打无把握之仗，每战都应力求有准备，其实每个创业者发起众筹时也应该和做其他事情一样，做好充分的准备。为什么要发起众筹？团队是哪些人？众筹的产品是什么？怎么去做这件事情？发起众筹前准备是否充分决定了众筹的成功与否。

那么，我们在发起一个众筹项目之前，需要了解一下，什么样的项目适合众筹，什么样的众筹项目更容易获得成功，以及应该选择什么样的众筹平台。

什么样的项目适合众筹？由于国家法律法规的相关限制，以及国内众筹平台的要求，对于众筹的项目，涉及以下内容的，一般来说是不可以发起众筹。具体内容如下：

1. 违反国家法律法规，危害国家安全，损害国家荣誉和利益，破坏国家统一。

2. 与种族、党派、民族仇恨相关，涉及宗教信仰，甚至宣扬邪教和封建迷信。

3. 侵犯他人专利，商标，版权，商业秘密，形象权等。

4. 含有淫秽、色情、赌博、暴力、武器内容。

5. 含有虚假、侵害他人隐私、粗俗等道德上令人反感的内容。

6. 洗浴和美容产品相关。

7. 保健品、营养补充剂相关。

8. 药物、医疗器械相关。

9. 彩票相关。

10. 烟草制品、毒品、类似毒品的物质、吸毒用具等相关。

11. 建设网站、开网店。

12. 多级营销以及传销等相关内容。

13. 招商加盟类的项目。

14. 令人反感的内容（仇恨言论、不适当的内容等）。

综上，禁止的内容涉及三类：

1. 法律严格禁止的项目，比如色情、暴力、毒品等。

2. 需要国家行政审核审批的项目，比如医疗器械、药品等。

3. 对于投资人有潜在风险的项目，比如保健品等。

以上为产品众筹限制的内容，然而股权众筹是比较特殊的一种众筹，本书在上一章节已做过论述。除去以上明确说明不能发起众筹的项目，理论上其他的项目都是可以发起众筹的。

第二节　如何规划产品众筹项目

目前还没有足够的经济学知识从消费合理化角度来解释这个现象，但这并不代表它就是个无解之谜了。众筹成功的往往都是些觉得可行的项目，所以我们不能从逻辑上解释而应该转向行为心理学。我们必须明白众筹之所以会火是因为它已经成为从硬件产品至创业投资等一切事物的推动力。当你能搞清那些经济学家弄不清的问题时，你就走在通往众筹成功的康庄大道上了。

和向银行贷款及以物产抵押来集资实现自己的疯狂想法不同，企业家们正进入一个全新的世界——通过人脉和创意赚钱。只要鼓捣出可行的原型品，不需要舍弃任何东西，它们也能从诞生的第一天就开始给你赚钱。不需要库存量，不需要借据，什么都不需要。

这些企业家的支持者们也都了解这个事实，但却仅仅依靠一段视频和几张照片就选择买那些可能永远没机会上市的产品，这到底是为什么？他们真的那么迫切想为那些创业者掏钱包，哪怕是冒着风险？是什么让这些人选择其中的某些项目而不是其他的？就像《纽约时报》说的，这不仅仅关系到利他主义和供求机制的非理性互惠经济原则，这更是一件感性的事情，而且它在众筹上起到的作用超越了逻辑性。

以下是在众筹新时代来临时我们该考虑到的九件事：

1.故事、故事还是故事

如果想获得支持，需要让人们相信你的产品。要让他们相信你制作的东西，就要让他们相信你。向人们讲述你的故事，你是谁、你曾经做过什么、你如何产生这样的好想法，以及为什么需要实现这个想法——这是最重要的一部分。告诉大众你的想法可以怎样改变世界，如果这个世界正好是他们喜欢的，那他们就会让它变成现实。

相关众筹平台简直就是为讲故事而设计的，任何人都能从货架上售出产品。当还未生产出来时，究竟有多少产品能做到销售量达好几千呢？只有那些捕捉到我们想象力的产品，才能使大众愿意和你"乘同一条船"。你的创意来源于什么？它会怎样改变人类的生活？一个打动人心的故事能够让没特色的旧货卖出五十倍于它本身价值的价格。为何不好好利用故事呢？

故事的重点是爱，支持者们往往都十分渴求某样物品，他们愿意为了该项产品的实现做任何事。当一个人看见某样他十分喜爱的物品，又是他信赖的人提供的时，不管会冒多大的风险他都肯定会欣然接受。即使不能立刻体验这件产品也没关系，因为爱所以值得等待。

接下来是，支持众筹活动从本质上来说是体验其中过程的乐趣，这是具有极大影响力的，给予支持者们一个可以发挥创造力的渠道，即使只是间接性的，也能引起共鸣。只要给个小小的惊喜（9个月后邮箱中会出现产品相关通知），他们就会觉得自己并不只是买物质，而是这整个过程的重要一份子。调查显示买过程比买物质能更让人获得满足感。

2. 迅速着手准备

在处理众筹活动时最大的问题是集资活动不能达到目标。通过你的营销策略尝试获得一个很好的开始。在你发布之前先激发大家的兴趣。这样可以增加你进入Kickstarter首页的机会，如果你达到目标的机会很大，就会有更多的人投资。

潜在投资者主要看你多快可以实现目标。一个相对较低且能快速完成的目标会比一个需要长时间才能实现的目标更令人印象深刻。

3. 确立正确的动机

数据显示大部分人捐献额会在200元以内，所以并不都是大额支持。

国内众筹平台同筹荟对此有些建议："对于每笔捐献，你都需为支持者提供一些他们想要的东西，否则，他们根本不会支持你。Kickstarter社区成员喜欢讨价还价，而且希望有独家选择权，可以保证给他们提供最优惠的购买价。"

4. 制作视频

有视频的项目成功率会高50%。人们一般不会在网上看太多文字，事实上，你能看到这里已经是个小奇迹了。图片和视频可以解释一切，而不需要你的受众问太多问题。这不需要有特效的片段，只是优酷上的小视频就可以。

国内知名的众筹平台同筹荟CEO讲："视频是关键。当大家打开页面时首先看到的是视频，这是形象展示你的产品及其运作的有效方式。但是，尽可能地简短、温馨、真实。人们有自己的想法，所以一段荒唐的视频无法愚弄到支持者！"

5. 时间安排要务实

把一个创意变成现实物品所花费的时间要比你预想的长。否则事情就会一团糟。你的原型设备需要调整，你的工具推迟到达，你会发现需要为各国配置插头适配器。如果和你原本的时间安排相差太远，就会推迟预购者的收货时间，但是谁会想要四年后才收到一个智能设备呢？

不要给自己太大压力。最好要给自己一个缓冲时间，因为往往任何事实际用时都比预期长，你需要准时交货，或者最好提前交货。

6. 信息公开

你的支持者不仅仅是项目完成的数字，一旦他们支持你的项目，就希望可以了解运行情况，希望成为第一个获得你创意产品或者项目的支持者。

当有人支持你的项目时，他们立即成为你社区的成员或者你的忠实粉丝。你需要让他们获得项目运行的一切最新消息，包括好消息和坏消息。

众筹并不简单，即使失败的众筹项目也会有不小的收获。

7. 合作伙伴

每个众筹项目叙述自己故事的方式都是差不多的，关键在于你如何活用它们来产生不同的效果。接下来的这些能够让你的努力事半功倍，你的项目需要以下几个项目合作方：

首先，一名视频制作人。人们往往最先做的事就是看你的视频，找一些专业的五星团队，他们知道怎样激发人们情感上的共鸣而且能包装得十分完美。要知道评论自己是很难的，而要善于此道更是难上加难。可以参考一下那些凭借视频赢得关注的专业机构。

其次，公关活动。公关能够将推出产品的动静弄到像休斯敦火箭爆炸那么大，找准时机，让适合的人来谈论你的产品。来自众筹平台自身的流量在一个成功项目中的收益占比不超过10%，所以你必须另辟蹊径，寻找其他的推广之路。

再次，营销机构。找一个了解科技市场现状并且知道如何设计开发出引人注目网页及有移动设备相关经验的营销团队。你会希望他们来推广和管理你的销售渠道，但他们还应多考虑到产品的用户体验和建立一个作为众筹项目中心的网站。

8. 有足够可行的广告预算

至少要有5万—10万的启动资金，没有这么多钱的草根也不一定会失败，但是能够继续发展的可能性很小。让人们从情感方面给你投资是有很大风险的，但是你必须以此为起点。而广告是唯一能让你的项目变得鲜活并且看起来可行的办法。其他的那些都是吊大家胃口，吸引注意力的。所以要将广告的花费计入预算，如果你现在正在筹集资金，那么至少要筹到那么多。

在计划将这5万—10万投入市场之前要做好充足的准备。搞清楚获得每一个新用户时都需要在哪些地方付出多少，将这一基数乘以10再拼命调查检测可行性，然后再乘以1000、10000，甚至是100000，就可以测试各种媒体渠道和广告频道。如果你的产品很可靠而你又一直保持勤奋上进，那么终有一天你在每个用户身上的投入就会得到长期的收益。听到叮叮叮的声响了吗？这就是你个人的永动赚钱机进账的声音。别担心，你会慢慢适应的。

9. 将众筹看作店面

不要单纯地将众筹活动看成是活动。这是将产品推入市场的新方式，不要认为众筹活动总会终结的，而是将它作为你的非实体店面和电子商务引擎。将众筹平台作为接收付款和控制故事效果的工具，并且除了正在使用的平台，还需要有自己的网站。

当你的众筹活动结束时，你的团队应当已经准备好做一些转变，将项目真正地变成店铺。不要浪费任何资源，众筹项目并不是什么像登月计划一样的豪赌，它只是一切的开始。

这是我们现在开发产品和积累用户的主要方法，相信将来加入这个众筹大军的人会越来越多。

第三节　如何规划股权众筹项目

股权众筹项目首先进入所有投资人眼中的是一份出色的商业融资计划书。然而对于项目发起方而言，融资是一个不经常发生的业务，因此，对如何撰写合格的商业计划书没有完整的概念，以致许多商业计划书不能够在最短时间内将自己的公司表达清楚，有些甚至直接影响了公司融资的进程。鉴于此，我们有必要在此列出商业融资计划书的一些要点，在与那些不谙熟商业计划书制作的项目公司进行融资接洽的时候，平台可以视其需要，将下面的商业计划书发给项目方，让其按标准填写，从而有效提高股权众筹的成功概率。

投资人关注的九个问题：

1. 你是谁？

2. 你的项目是做什么的？

3. 你的主营业务盈利的地方有哪些？有哪些核心竞争力？同业竞争有哪些？

4. 财务问题。

5. 项目相关的法务问题。

6. 项目相关的税务问题。

7. 项目估值。

8. 融资方式、融资的用途是什么？

9. 投资人的退出方式有哪些？

作为股权融资需要遵循公平公正公开的"三公"原则，才可以让股权众筹项目获得成功！

以下是股权众筹平台同筹荟的标准融资计划书范文：

目 录

- 项目概要
- 公司概况
- 发展历程
- 管理团队
- 股权结构
- 主营业务描述
- 商业模式
- 竞争优势及劣势分析
- 公司战略及未来三年发展规划
- 财务状况分析
- 融资方案
- 退出机制

TCC 同城亿*
Link

项目概要

- **项目主体：**

- **销售主题：**

- **项目估值：**

- **融资总额：**

- **融资用途：**

- **融资方式：**

- **退出渠道：**

TCC 同城亿*
Link

公司概况

- **公司全称：**
- **成立时间：**
- **企业规模：**
- **主营业务：**
- **产品标准：**
- **公司荣誉：**

TCC Link

融资方案

- **融资金额：**
- **融资用途：**
- **市值计算：**
- **融资方式：**
- **退出方式：**
- **参考企业：目前类似行业上市公司平均市盈率约为　倍**

TCC Link

商业融资计划书简版：

项目融资计划表	
编号	
企业（项目）名称	
项目申报类型	
挂牌情况	
基本情况	
企业情况	
股权结构	
产品（服务）情况	
企业优势特点	
市场前景与风险	
发展阶段	
可参考行业上市公司	
研发能力	
营销能力	
管理能力	
其他	
主要财务数据（前两年以及最近一季度）	
营业收入	
营业成本	
净利润	
净资产	
经营性净现金流	
资产负债率	
未来财务预测（将来的三年）	
营业收入	
营业成本	
净利润	

净资产	
经营性净现金流	
资产负债率	
财务风险情况	
法律风险情况	
项目融资计划	
融资要求	
使用计划	
项目小结	
项目优势	
项目弱势及风险	

第四节　如何规划公益众筹项目

公益可以借助众筹

众筹翻译自英文Crowdfunding，广义的众筹是指利用互联网和社交网络传播的特性，让中小微企业家、艺术家和个人对公众展示他们的公司、创意或项目，争取公众的关注与支持，进而获得所需要的资金完成融资目标。

公益众筹则是指公益机构或个人在回报众筹平台发起的公益筹款项目，出资者对项目进行资金支持。公益众筹项目的发起需符合众筹平台的具体规则，它跟传统的金融筹资的区别就在于它的门槛特别低，而且非常强调大众的参与性。

众筹运营模式通常会需要三方，包括发起方、出资人和众筹平台。众筹平台在当中的角色是项目的发布平台、资金的发放平台，但是不会承担项目的执行和监督。

每个众筹平台都会有一些自己具体的规则，通常众筹规则是发起人必须在约定的时间内达到设定的筹款目标。如果达不到这个目标，所筹集的资金会退还给出资人，达到目标才可以使用这部分资金。众筹平台因为没有办法进行完全的监督，所以会在平台上有一个免责声明，不承担回报发放和项目执行的责任。

多数人把公益众筹定义为在回报众筹平台上发起的公益项目，就是因为我们发现公益项目可以依托两种众筹类型。第一种是债券众筹，但是对大部分公益机构来说这种模式是不可复制的。第二种模式是捐赠众筹，这种模式是大家用得比较多的，但是它的范围非常宽泛，像网络捐赠的概念，而回报众筹更具可操作性。通常一个项目会设计几种不同的捐赠选择，小额捐赠是纯粹的捐赠行为，大额的捐赠会附带一些实物的回报。

公益众筹的渠道有两种，一种是通过综合类众筹平台发起项目，一种是通过专业的公益众筹平台发起项目。

有报告显示，在164个成功筹款的公益项目中，有95%是来自综合类的众筹网站。更具体的数据是：在专业公益众筹平台上发起的公益众筹项目共40个，已成功项目8个，成功项目募集金额7.8万元；在综合类众筹平台上发起的公益众筹项目共267个，已成功公益项目共156个，成功项目募集金额661万元。

国内专业的公益众筹平台发展格局呈现数量少、知名度低、活跃度低的特点，主要因为平台地域性较强，无法获得广泛关注。国内部分平台的所有项目均为地域性很强的项目，其平台发起方的资源和运营能力有限也制约着众筹项目的成功。

针对公益众筹本身，同筹荟认为其主要优点是降低了公益参与门槛，提高了公众参与性。但同时，公益众筹发起门槛较低，对发起人的资格认定较宽松，使项目可能存在一定的违约风险。另外，众筹平台无法对公益项目的回报执行进行监督，虽然有明确的风险提示以及分批将款项拨付给发起人的机制，但若在项目回报发放过程中出现争议，众筹平台有免责的权利。

公益众筹需要商业思维

公益众筹和商业众筹的区别，可从两个方面加以分析。首先从发起项目的目的分析，商业众筹是为了获取经济回报，公益众筹主要是为了解决社会问题；从项目回报这个角度来分析，商业众筹回报是具有商业价值的，公益众筹是纯捐赠行为，有些是产品周边的回报，但是它的商业价值远远低于它捐赠的，所以中间溢价部分是有捐赠属性的。

尽管如此，公益众筹和商业众筹也有非常紧密的联系。

首先可以用商业的思维来进行产品的设计。因为我们认为在众筹平台上发起的众筹项目的目标受众并不是传统热衷于公益的人士，而是喜欢在平台上关注有创意项目的年轻人，所以我们在进行产品设计的时候传播点不能用眼泪指数，更多的是要在产品设计的吸引力和项目设计的新颖度上来吸引公众，需要用商业思维进行产品的展示和传播。

截至2014底，在专业以及综合类的公益众筹平台一共有164个成功的公益项目，95%是来自综合类的众筹网站。从筹款的金额来说，超过669万元。2013年发布的中国网络捐赠报告显示，网络捐赠超过了5.2亿，所以公益众筹约占到整个网络捐赠的1%。

当公益遇到众筹，优点是显而易见的。

因为它可以为个人发起公益项目提供平台，实现很多年轻人有趣大胆的公益梦想，另一方面也降低了公益机构募资的门槛。同时，众筹对公益机构的能力有提升作用，特别是有商业背景的综合类的众筹平台，对于项目的筛选和指导可以用商业思维提出有效的建议。另外，在众筹平台上对信息披露的充分性有比较高的要求，所以可以推动公益行业的透明、规范。

但同时，公益众筹也面临独特的挑战。因为众筹平台也会有对自己的保护，比如免责条款和风险提示。所以在项目回报执行当中会有一些争议，这些争议平台是没有办法解决的。虽然会先期拨付70%的资金给公益机构，但是30%是作为风险保证金，已经拨付的资金是没有办法追讨回来的。公益众筹对个人和草根机构是开放的，也是有成本的，如果前期花了非常多的精力但是没有达到筹资目标的话，成本是无法收回来的。

所以，项目的创新、筹款产品的吸引力以及对社交媒体的运用能力，成为众筹当中至关重要的三个因素。

第五节　如何在众筹平台上发布项目

以同筹荟为例。

1.首先登陆众筹平台网站。

2.点击注册。

3.提交注册后请到您的邮箱中激活邮件。

4.激活后您就可以查看股权众筹了，还可以发布产品众筹。

5.如果您想发布股权众筹，请申请股权融资资格。

6.申请成功后，在个人用户中心就会显示您的权限以及级别。

第六节　如何推广和实现众筹项目

那么对于项目的最终成功，推广是非常重要的。我们从两个方面来看这件事情：一方面是平台方需要做的提升和管控；另一方面是发起方需要去做的功课。

我们首先从国内最安全高效的平台同筹荟来看需要做的提升有哪些。在分析众多众筹企业成功经验的基础上，我们总结和提炼了众筹企业成功六大关键因素，也希望对国内其他刚刚兴起的众筹模式、众筹平台有所启迪。

一、创业梦要切合实际

创业者如果不是在网络上有一定的人气和号召力，初次发起项目时，中小规模的更为合适。众筹平台的出现缓解了双方的尴尬局面，创业者不再需要费尽心机地满世界找风投，设计一份产品介绍放到众筹平台上就是完美的解决方案，只要产品做得有价值，自然会有人来投资。而投资人只需像逛淘宝一样看看网页就能找到不错的投资项目。重要的是通过众筹平台，创业者不仅可以得到项目的启动资金，此外还可以在量产前测试他们的产品是不是真的被大众接受，即使没有获得投资也不见得是坏事，创业者至少不用再为一款不被认可的产品浪费更多的时间和金钱。

二、选准行业切入点

若想通过众筹模式来创业，可先使用产品众筹作为初创阶段的尝试。使用产品众筹模式最关键就是选准行业的切入点，这需要对行业发展、客户需求有着精准的把握，从而使众筹项目更加吸引人。在美国众筹平台的第一巨头Kickstarter上，最受欢迎的产品类别为舞蹈，以下依次为戏剧、音乐、漫画、食品、影视、摄影、设计、游戏、科技、出版、时尚。追梦网是我国最早一批成立的众筹网站之一，目前影像、设计、出版等文化类项目的筹资额度最为突出。

三、提升平台运营能力

众筹模式在我国尚存在一定的法律风险，若想成功，就要提升平台的运营能力，其中需要做到以下五点：

1. 正确的平台定位

企业在进入众筹领域时，明确平台战略定位尤为重要。明确平台定位关键是要做到平台专业化、垂直化、开放化，这就要求定位不能千篇一律，要差异化定位，按照产业与项目分类进行定位，凸显自身的垂直化特征，比如专门关注电子游戏、唱片、艺术、房地产、餐饮、时尚、新闻业等不同垂直细分领域的专业众筹网站。

2. 善用名人效应提高众筹平台的信任度和影响力

普通人对众筹不了解，不太信任，这对众筹发展影响很大。借用名人效应的好处在于，大众面对的是一个熟悉、信赖的投资对象，门槛相对较低，在支持偶像的同时，逐渐增加对众筹模式的了解和信任。3W咖啡汇集了红杉资本中国基金创始人沈南鹏、天使投资人徐小平等名人，众筹参与者基本上是围绕着强链接、熟人或名人交际圈进行扩散的。

3. 制定选择产品项目、限定投资人条件等的游戏规则

众筹模式并不是参与者越多越好，而是合适的参与者越多越好。首先，必须符合平台的专业化定位；其次，对创意项目进行严格审核，最好是有市场、有创意的好的项目；再次，就是对投资人进行遴选和审核，如3W咖啡不是所有人都可以成为它的股东，股东必须有一定的影响力。

4. 融入社交元素加强互动

众筹是一种比较新的获得资金的渠道，本身很有创新性，团购加预购的形式让创业者与大众在众筹平台上可以互动起来，帮助创业者完善项目想法，使项目看起来更有吸引力。

5. 做好众筹平台项目的风险管理

筹资人无法一一与为数众多的出资人签署合同，因此，建议在众筹平台开设专项救济账户，将救济账户资金用于弥补出资人损失。此外，在资金管理方面，由于筹款、扣除管理费、向项目发起方划款都涉及资金，平台有义务对资金进行安全有序管理。对于众筹平台自身而言，最安全的办法莫过于不直接经手资金，而是通过第三方独立运作，比如，国内最安全最高效的众筹平台就有自己独立的风控管理体系、银行第三方监管以及法律管理体系。

6. 健全价值保障体系

众筹模式重点在于发动公众的力量，但要吸引众人参与并乐意把钱委托给招募者，一定要发起人建立价值保障体系。这种价值保障并不一定是金钱，也可以是独特的价值服务、尊享的荣誉、特别的体验机会等非物质增值激励。这些价值承诺必须是白纸黑字写下来的，并要持续坚守。

提供价值保障关键就是必须遵守国家相关法规，合法经营。众筹模式核心就是融资，必须遵循我国《证券法》《最高人民法院关于审理非法集资刑事案件具体应用法律若干问题的解释》《中国股权众筹联盟自律公约》等法律法规，诚信经营，守法经营，规范经营。

7. 强化信息披露义务

在筹资人与出资人之间，出资人处于信息弱势地位。因此，需要筹资人在固定时间段内在筹资平台向公众公布资金使用情况以及对突发情况进行汇报，方便出资人及时准确地把握投资资金运转状况。一方面可以增强投资人对这一模式的信任，促进众筹模式的进一步发展；另一方面也可以有效监督筹资人的资金运行，保障投资人的知情权，减少众筹平台的监管成本，加强众筹平台信用机制的构建。

8. 营造良好的政策环境

众筹平台的发展因其自身的局限以及国内信用环境和监管环境的限制，需要对其进行审慎监管，可以借鉴美国的相关做法。美国于2012年4月允许中小企业通过众筹发行股权筹集资金，专门对众筹立法。美国众筹平台需要向美国证券交易委员会注册成为证券经纪交易商或融资平台，进行信息披露，对投资人进行风险提示教育。其中，法案规定项目发起人众筹交易前12个月，融资总额不得超过100万美元。同时，也对众筹项目投资人做了适当的安排，单一投资总额不得超过10万美元，且投资人年收入或净资产少于10万美元的，12个月内投资金额不得超过5%，大于10万美元的，不得超过10%，亦不得高于10万美元。

9. 做好调查工作

任何一个项目在平台上发起，需要有足够的调查和了解，也是为了投资人的资金安全，同时为创业者提供更好的风险控制，保证项目的顺利开展。

四、那么对于项目发起方而言，如何运用营销的手段实现众筹的目标

巧用社交平台完成众筹目标。

众筹被称为"低门槛的创业神器"，无论是同筹荟、众筹网等国内比较大的中文网站，还是Kickstater、IndieGoGo等国外知名众筹网站，只要拿起鼠标、打开手机，任何人都可以发起项目向社会筹资。然而，跳过了银行和注册方使出浑身解数努力的过程，并不意味着人们就会快速掏钱埋单。事实上，众筹成功之精髓在于发动所有陌生人的力量，将打动几个人的难度分摊到茫茫的互联网用户群中。众筹既是机遇也是挑战，并且更考验发起人的社交以及营销的能力。

社交网络——众筹的小喇叭、放大器。

如果仅仅把精力放在搭建某众筹平台项目的页面上，哪怕众筹项目名称、视频、图片描述得再精美可读，也难免是守株待兔。在众筹网上同时发起众筹的项目有很多，有科技、文化、美食、艺术等等领域，在这个信息爆炸吸引眼球的时代，人们的注意力更是极其容易被分散，如果不借助社交网络以及营销的推广，该项目极有可能石沉大海。

社交网络在众筹的过程中担任着非常重要的推广角色，像高音、低音不同频率的扩音器一样，线上微博、人人、知乎、微信、百度等等都充当着不一样的推广角色。合理利用互联网的力量，利用自身的人脉让项目的成功事半功倍。

线下推广依然非常重要，我们从历史成功的案例可以得知，亚历山大·蒲柏早在17世纪就把他要众筹翻译《伊利亚特》的事情贴得英国大街小巷都是，也通过他个人的号召力、感染力成为众筹界的始祖。现在，我们来分析线下推广的社交途径都有哪些。

按照传播学的基本理论，可以分为几个层级：

第一个层级在亲朋好友间介绍自己的创意，因为他们的信任度最高，最容易传播，培养第一批重度种子粉丝。

第二个层级在同学等社交圈中进行宣传、演讲，安排各种各样的活动交流会，培养中度粉丝。

第三个层级在社会层面，通过各种会议营销、线下路演进行宣讲、论述、体验，培养大批量的有一定认可度的粉丝。

以上三个层面相当于在社交圈进行了比较全面的宣传，在过程中注意抓住客户的好奇心和需求，让对方认可自己的项目，再通过口口相传的口碑营销把自己的项目推荐给更多朋友。此外，线下发展社交的途径包括主动寻找、利用媒体资源，与相对应领域的媒体记者进行沟通交流探讨，悉心听取意见，配合媒体报道，将项目在业内传播开来。如果有幸获得行业权威人士的公开点评，必将受益匪浅，名声大噪。

由于众筹需要发动尽可能多的大众，让大家一起来支持某个项目，因此线上推广是不可少的推广途径。利用社交网络推广自己的众筹项目并非单纯地在不同的网络平台发布同一事件消息，而是需要选择有目标受众聚集的平台，比如专业的论坛以及目标客户群体聚集的网站、微信、微博等等。为自己的项目宣传与网友不断互动，甚至公开接受各种发问并将回答做到滴水不漏，这些才是线上社交平台推广项目获得众筹成功的关键所在。

经过线上和线下的全面营销和推广以后，是不是就可以完全放心高枕无忧了呢？其实不然，这个过程中有很多个需要注意的细节，国内知名的同筹荟平台的丁婕认为，有以下五大需要注意的细节：

1. 互联网线上推广项目周期的把控

凡是利用线上营销推广的项目，其筹款的速度和时间节点都会有一定的规律性和起伏。因为真正坚定的支持者在得知消息的第一时间就会下单购买支持众筹项目，所以正常情况下，项目刚刚推出时一定是项目推广期以及快速上升期。如果项目开始第一周没有出现直线上升的支持率，就必须及时调整项目的描述，再次重新定位和调整营销策略。

当支持者的热度过去之后，项目开始进入平稳期，不会再接到大量的订单，此时需要靠线上陌生的客户的支持，同时也会为之前犹豫不决的客户下单提供了考虑的时间。

在项目即将到达截止日期时，项目发起方往往会利用自己的社交资源，进行最后的冲击，甚至不惜一切代价发动线下周边的朋友去线上支持，通过朋友的口碑营销增加支持，实现项目最终的圆满成功。

2. 根据项目的受众以及行业的属性来制定自己的推广策略

根据项目的受众不同，项目发起方对线上线下资源的利用的方法和策略也应该不同，比如项目本身有强烈的地域性，利用项目所在地的线下资源进行路演、宣讲等是比较高效的方式。若项目行业属性有一定的要求，比如国内平台同筹荟发起的《易经印谱》的项目，就需要找到潜在的投资人——对收藏品有兴趣爱好、对投资有兴趣的潜在人群——进行有效的线下路演宣传，并同时在收藏行业类相关的网站以及微信公众平台进行新闻的发布，吸引更多的投资人加入到项目中来，这也是必不可少的。若项目本身具有广泛的实用性，利用众筹平台本身以及其他人群基数大的平台进行推广会非常有效率。如果项目发起人本身有非常高的知名度，利用名人效应发展粉丝经济也是一条非常不错的项目成功之道。

3. 巧用众筹平台的交流空间

国外知名的众筹平台有一个互动讨论的公开交流平台，这也是一个不错的推广方式，就像国内淘宝一样，购买商品时大家习惯看一下评论。有一个非常直观的感受和参考，对于投资人来说也是非常必要的，好处有两点：

第一，可以让潜在的投资人加入到项目中来，吸引、沟通、交流、发问，最终达到成交的目的。

第二，可以让项目发起人了解到对该项目非常好的意见和建议，方便以后改善产品，扩大市场。也就是说，项目众筹所有可以展示的地方都不要放过。更多的细节准备、综合考虑，才能让项目大获成功！

4. 项目发起人需要警惕大众智慧的陷阱

很多时候，大众的智慧是众筹的一大优势。大众智慧，字面意思是利用大众的力量收集起来的智慧。比如，在一个集体或者团队中，大多数人的观点往往优于某个人的观点，即使这个人是该行业的领袖和专家。

但是对于新的项目以及新的创意，项目发起人需要擦亮眼睛，对大众的智慧做出合理的判断，对于其中偏颇的观点进行区分和鉴别。

5. 大众意见的反馈

任何一个众筹的项目不单单是一件几千块几百块钱的事情，在这个过程中还需要对所有给予支持的精准客户的意见、呼声和反馈，做好足够的心理准备。不能太过于执着于自己的项目，而听不到呼声，正确、客观地看待、处理、分析才是一个新项目成功的关键。

第八章
众筹如何避开法律风险

众筹有4种模式：股权类、债权类、产品类及公益类。其中债权众筹在国内体现为P2P这种形态，业界已经专门把其划分为互联网金融一个门类。因此，我们所说的众筹是不包括P2P在内的狭义的众筹。下面就分类进行分析：

1. 对于产品众筹

规范运作，严格审核项目发起人资质，对募集资金严格监管。该类众筹采用的是"预售+团购"模式，目前是比较安全的众筹模式，不会触犯非法集资红线。当然，一些利用该模式实施的虚假回报众筹则可能涉嫌非法集资类犯罪中的集资诈骗罪。

2. 对于公益众筹

如果规范运作，从事公益慈善或梦想帮助，则不存在法律障碍。反之，如果以此实施诈骗则可能涉嫌非法集资类犯罪中的集资诈骗罪。

3. 对于股权众筹

股权类众筹目前是存在最大法律风险的众筹模式，最可能涉及的犯罪是非法集资类犯罪中的擅自发行股份罪，该罪有两条红线不能碰，一是公开（不限制人数，因为涉及不特定人），二是超过200人（虽然有些非上市公众公司股东超过200人，但是特殊原因造成，原则上不允许突破）。

纵观股权类众筹，如果采用具有一定吸引力的模式，那就必须公开或者超过200人，就有可能直接触犯擅自发行股份罪。我们看到部分股权众筹采取了创新和保守的方式，采用实名认证的投资人，限于特定的投资人中间并不对外，然后采用线下一对一方式单谈，再以合伙基金方式投入股权。但是，这种方式基于如何理解"公开"与"不特定"，作为众筹监管机关的证监会目前还在调研中。如果套用2014年3月31日的规定，该方式也存在一定的法律风险。

【引导案例】

股权众筹：利迪科技

发起平台：同筹荟

发 起 人：广州市利迪网络科技有限公司

发起时间：2014年11月5日

项目状态：

众筹成功。广州市利迪网络科技有限公司股权众筹项目于2014年11月5日以股权融资形式在我平台上线，目标融资金额400万元人民币。项目上线共获得七位投资人认投共计420万元人民币，众筹成功，完成率105%。

项目介绍：

公司简介：

广州市利迪网络科技有限公司是专业从事云平台框架产品与云平台建设解决方案的科技企业。

利迪科技成立于2008年，一直专注于云计算（SaaS、BPaaS）基础框架平台领域，开发出拥有自主知识产权的软件产品：LEAD智能交互平台。公司拥有完整的专业体系和雄厚的技术力量，软件、硬件、网络等各个领域的高科技人才占公司总人数的60%以上。同时，利迪科技也为广大客户提供包括软件定制开发、实施、培训和顾问咨询等一体化服务。

利迪科技致力于政府、金融、能源、制造、医疗、交通等各大领域，以根据客户需求，定制专业服务的模式为主，结合LEAD智能交互平台产品，帮助用户逐步整合现有的业务系统，打造成全新一代的业务模式——企业私有云平台，提供企业级云平台解决方案。

主营业务：

1.专业从事云平台框架产品与云平台建设解决方案的科技企业。

2.专注于云计算（SaaS、BPaaS）基础框架平台领域，开发出拥有自主知识产权的软件产品：LEAD智能交互平台。

3.通过LEAD智能交互平台产品帮助用户逐步整合现有的业务系统，打造成全新一代的业务模式——企业私有云平台。

企业信息化建设发展到现阶段，企业对目前已有的各种系统提出了新的要求——整合。针对这个目标，利迪科技提出了智能交互平台的概念。

智能交互平台，就是整合了内容和应用，提供统一、个性化的访问入口，结合安全性、数据交互、信息管理及决策等极具价值的功能，能够随时、随地为用户提供服务的智能化私有云平台。通过智能交互平台，能提高企业整体运营能力和决策能力。

LEAD智能交互平台采用基于SOA标准的组件化基础架构，为企业信息化提供软件应用的自定义延伸内容，如数据中心及信息安全管理、多业务系统信息交互、信息化私有云定制等。

发展历程：

2011年	2013年	2014年4月	2014年6月	2015年10月	2016年年底
投入LEAD智能交互平台的研发。	应用基础平台、统一身份管理平台。统一平台门户研发成功，V1版本正式发布。	统一身份管理平台、统一门户平台投入行业用户的样板案例推广。	LEAD智能交互平台正式面向全国推广，并与不同领域厂商进行战略捆绑式销售。	LEAD业务流程平台研发完成并投入销售，V2版本预期发布。	LEAD智能决策平台研发完成并投入销售，V3版本预期发布。
研发	V1	案例	推广	V2	V3

竞争优势：

行业快速复制推广	增值服务持续性盈利
通过项目积累行业资源，进行行业细分市场推广，实现行业云平台快速复制，逐渐实现行业标准积木式架构框架平台，可以按组件化进行选购，形成多次销售机会。	建设行业云，提供云平台租赁服务，可保证持续盈利积木式的架构框架平台，为产品后续的增值业务提供了更多可持续盈利点（年度服务、顾问咨询、高端培训等）。

投资亮点：

亮点	描述
模式优势	1.我们有针对性地进行市场推广，通过同一行业的量化项目积累，可以在行业内快速进行项目复制，通过占领市场逐步形成行业标准。 2.公司目前已经率先做了全国证券行业第一家国产化私有云平台。客户首期签约金额已超过100万元，客户规划2015年第二期实施预算金额也已超过100万元，保守估计，三年内客户用于私有云平台上的建设投入总金额约500万元（全国证券公司有114家）。 3.广东某地疾控中心，是广东省第一家试点单位，采用我们公司LEAD智能交互平台，未来将打造成广东省疾控中心的行业云平台。客户首期采购金额接近90万元，预计三年内投入金额接近500万元（全国疾控中心，今年统计有3490家）。
高粘合度	积木式的平台化架构，可以灵活组建信息化平台，形成多次销售机会。
技术领先	基于SOA的组件标准化架构，研发周期长，技术难点多，可复制难度极大。
市场占有率	目前公司已经签约的代理商多达50家以上，已进行全国性布局，未来三年内辐射全国各大行业。

第一节　股权众筹的国际法律比较

向公众发行股票的证券发行行为，在几乎任何一个国家都受到严格管制。因此，从法律角度来说，股权众筹始终处于夹缝中求生存的状态。股权众筹在各国监管程度不一。意大利先拔头筹，在2012年12月议会通过了"Decreto Crescita Bis"法案（或称"Growth Act 2.0"法案），成为世界上第一个将股权众筹正式合法化的国家。美国的JOBS法案为股权众筹确立了基本的监管框架，但具体实施办法还有待SEC出台最终的监管规则。澳大利亚也未将面向公众的股权众筹完全合法化，但其《公司法》第6章确立的小规模发行制度，却非常具有启发性。其他国家，比如英国，以Seedrs Limited为代表的众筹平台已获得英国金融监管局（FSA）的批准，从事类似众筹的募集活动，但英国尚没有正式将众筹从一般规则的角度合法化。

一、国外法律规则对股权众筹的制约

（一）意大利

2012年12月意大利议会通过了"Decreto Crescita Bis"法案（或称"Growth Act 2.0"法案），成为世界上第一个将股权众筹正式合法化的国家。随后，2013年3月，意大利证券监管机构（CONSOB）——相当于美国证监会（SEC）——受意大利经济部的委托，发布了众筹监管规则供公众评议，评议期截止到4月30日。随后CONSOB的五位委员签署了该规则，该规则于7月20日开始生效实施。

该法规定，只有创新性初创企业适用于该规则，除了行业限制外，该法令还出台了若干指导该规则制定的一般准则。为了将众筹活动集于最需要资金的小型公司，存续时间超过48个月的公司没有开展股权众筹的资格，（开始运营后的第二年）年产值超过500万欧元的公司不能通过众筹门户发售股份。而且募集资金中的5%必须来自专业投资者（professional investor）或CONSOB注册的特定投资机构；最大募集额每年不超过500万欧元；个人投资必须通过经纪人进行，以遵守反洗钱法规及《欧盟金融工具市场指令》（Markets in Financial Instruments Directive of the European Union，MiFID）。但是对小额投资有豁免条款，每人对每个项目投资不超过500欧元，每年不超过1000欧元的投资不受此限制。对于众筹平台，则要求必须在CONSOB注册登记，且主要执行的管理人员应当有金融或保险方面的专业背景，以保护投资者利益和维持市场秩序。

2014年4月，一家初创的软件公司，Diaman Tech Srl，通过在线平台Unicaseed，经过三个月的努力，募集了157780欧元，超出了之前设定的147000预期目标，完成了意大利新法案通过后的第一例众筹募集。此次众筹的资金来自65个投资者，其中6位投资者购买的份额超过公司总股本的20%。

（二）美国

作为一般性原则，美国1933年《证券法》规定，任何面向公众的公开股票发售，应当在美国证监会（SEC）注册招股书且经SEC同意备案后方可进行。传统的公开发售股票机制，时间冗长、成本高昂，显然不适合初创公司。美国1933年《证券法》也规定了若干豁免注册的条款，其中D条例包含了最常用的避免在SEC注册的豁免条款。D条例规定，公司可以通过三种不同的途径申请免于在SEC注册，每一途径在《证券法》第504、505条及第506条都有具体规定。每条规定有不同的限制条件，因一系列共同的或特殊的原因，很难利用这些规定豁免众筹机构在SEC的注册。

2012年4月，美国总统奥巴马签署通过著名的JOBS法案，该法案旨在简化创业企业发行股票的程序，帮助创业企业发展。其中JOBS法案的第三部分就是关于众筹的规则。法案规定，符合下列条件的发行人的发行，可以豁免注册。第一，每年募集的资金总额不得超过100万美元。第二，个人投资者12个月内在所有众筹融资平台上投资的资金不得超过如下额度：对于年收入10万美元或以上的人而言，不得超过年收入或净资产的10%；对于年收入低于10万美元的人而言，不得超过2000美元，或者年收入或净资产的5%（取其中大者）。第三，发行人不得直接进行销售和推销，必须通过经注册的经纪交易商或者经注册的融资门户网站进行。经纪交易商和融资门户网站不可招揽投资，提供投资建议，或者按照销售业绩向员工提供酬劳。众筹平台在符合特定条件的前提下，并不要求注册为经纪人。但为了保护投资者利益，发行人和中介机构必须向投资人和潜在投资人披露特定信息。众筹融资要求发行人至少在首次销售的21天之内，向SEC提交信息披露文件，如果筹资额超过50万美元的话，需要披露额外的财务信息，包括经审计的财务报表。完成一轮众筹融资的公司必须向SEC提交年度报告。与在JOBS法案通过后经修订的D条款第506条规则对于向获许投资者（accredited investor）私募资金制定的规定不同，众筹融资不允许做广告，除非只对合适的经纪交易商或者融资门户的直接投资者做广告。该法案要求美国证监会在法案通过后270天发布实施正式监管规则，也就是在2012年12月31日之前提出有关股权众筹融资的规则。但是迟至2013年10月，美国证监会方才发布试行监管规则的征求意见稿，意见征求截止期为2014年2月，但期限届满后证监会并未正式通过该规则。相反，2014年4月，美国证券交易委员会的由21人组成的众筹顾问小组投票认为，其制定的众筹试行方案与JOBS法案概述的精髓及方针相悖。换句话说，众筹监管试行方案需叫停，美国证券交易委员会需重新制定监管方案。

（三）澳大利亚

澳大利亚证券和投资委员会（ASIC）在2012年8月的一篇新闻稿中，陈述了澳大利亚目前法律的一些障碍，并提醒众筹参与人需关注ASIC的相关指引。在澳大利亚从事捐赠式众筹是合法的，而且也并未受到ASIC监管。奖励式众筹则只是受到2010年的《竞争和消费者法》（Competition and Consumer Act 2010）的监管，避免虚假陈述和欺诈消费者。而股权众筹则需适用2001年的《公司法》（Corporations Act 2001）及《澳大利亚证券和投资委员会法》（Australian Securities and Investments Commission Act 2001, ASIC Act），受到ASIC监管。根据澳大利亚《公司法》的规定，如果通过募集资金，投向一个企业，产生经济利益，并且投资人从中享受经济利益，则构成所谓的"受托管理的投资计划"。当前一个需注册的受管理的投资计划被定义为：（1）参与者超过20名成员；（2）参与者投入资金或资金等价物；（3）有权从计划中获取收益；（4）形成资金池或用于同一个企业，产生经济利益，以及金融与法律；（5）参与人并不参与计划的日常管理或控制。

根据澳大利亚的《公司法》，非公众公司不能发行股份，而公众公司发行股份必须向ASIC注册并提交招股书。因此，所有运作受托管理的投资计划的机构和个人，必须将该计划在ASIC注册，同时需要提供详细的招股书，并且应通过一个负责实体，比如持有澳大利亚金融服务许可证（AFSL）的公众公司进行，除非该计划少于20名成员或满足其他豁免条件。众筹计划，以及众筹平台网站等，将受到《公司法》5C章的严格的合规要求约束。

但是比较有启发意义的是，澳大利亚《公司法》6D章节规定了适用于初创公司的小规模发行制度（small-scale fundraisings）。该制度遵循所谓的"20/2/12"规则，如果一个项目在12个月内，向不超过20名投资人融资金额低于200万，则豁免向ASIC注册披露文件。非公众公司也可以无需转换为公众公司，无需在ASIC注册披露文件，而实现募集。但是考虑到众筹通常是向海量投资者募集，因此往往很难达到豁免要求。不过澳大利亚的小规模发行制度仍然为初创公司解决募集资金问题提供了一个很好的渠道。澳大利亚小规模发行协会（Australian Small Scale Offerings Board，ASSOB）已经发展成澳大利亚最大的服务于创业公司的小规模资金募集机构。

二、中国法律规则对股权众筹的制约

中国对面向公众发行股票的行为历来严格监管。根据《证券法》第十条规定，公开发行证券，必须符合法律、行政法规规定的条件，并依法报经国务院证券监督管理机构或国务院授权的部门核准或审批；未经依法核准或者审批，任何单位和个人不得向社会公开发行证券。有下列情形之一的，为公开发行：（一）向不特定对象发行证券的；（二）向特定对象发行证券累计超过二百人的；（三）法律、行政法规规定的其他发行行为。

在我国现行法律框架下，向不特定对象发行证券或向超过两百人特定对象发行证券，均需报经证监会批准，按照公开发行股票的制度体系，刊登招股书，由证券公司发售。这显然是不适合初创公司众筹需求的。无需批准的情形，只是面向不超过两百人特定对象的私募发行，但非公开发行证券，不得采用广告、公开劝诱和变相

公开方式，同样与众筹的特点相背离。

不仅如此，在中国违反上述规定擅自发行股票的行为，还会触犯《刑法》构成犯罪。《刑法》第一百七十九条规定了擅自发行股票或公司、企业债券罪：未经国家有关主管部门批准，擅自发行股票或者公司、企业债券，数额巨大、后果严重或者有其他严重情节的，处五年以下有期徒刑或者拘役，并处或者单处非法募集资金金额百分之一以上百分之五以下罚金。单位也能构成本罪，而且此类犯罪入刑的门槛很低。根据2010年最高人民检察院、公安部《关于公安机关管辖的刑事案件立案追诉标准的规定（二）》和2010年最高人民法院《关于审理非法集资刑事案件具体应用法律若干问题的解释》的规定，未经国家有关主管部门批准，擅自发行股票或者公司、企业债券，发行数额在五十万元以上的，或者虽未达到上述数额标准，但擅自向社会不特定对象发行致使三十人以上的投资者购买了股票或者公司、企业债券的，或者向特定对象发行、变相发行累计超过二百人的，便构成犯罪。因此，在我国开展众筹，很容易触碰违法甚至犯罪的高压线。可见，我国现行法律制度体系制约了股权众筹的发展。

三、众筹立法的国际经验与中国制度构建探讨

（一）众筹立法的国际经验

众筹前景非常广阔，对解决初创企业融资问题具有不可比拟的优势和功用，是刺激创业、扶持中小企业发展的有力武器。世界各国都在争相鼓励众筹的发展，从立法角度为众筹铺平道路。分析意大利、美国和澳大利亚等国立法，我们可以总结以下几点经验：

1.对小规模公开募股实施豁免，为众筹开展预留空间。从前述意大利、美国和澳大利亚的经验看，众筹均是作为传统公开募股的例外情形处理的，即在传统募股立法体系之内，对小规模公开募股进行豁免，其中主要是豁免证券监管机构的批准及豁免发布招股书。这是国际众筹立法方式的一般经验，即在一般募股规则中设立小规模公开募股的豁免规则，为众筹预留制度空间。

2.众筹制度的设计兼顾募股效率与投资者保护。各国均对公开发行证券行为进行严格监管，主要是把保护投资者利益作为重中之重。但与此同时，又对小规模募股网开一面，以期在适度降低投资人保护力度的同时，提升募股效率，降低募股成本，促进初创企业发展。但同时又不放弃对投资者的适度保护。众筹制度中，对投资者的保护主要体现在募股公司仍然需要做适度披露，对募股总额做出限定，对投资者参与设定门槛，对投资金额设置最高额等。

3.对众筹平台赋予一定监管责任。众筹平台在众筹过程中发挥着非常重要的媒介作用，各国证券监管机构在豁免对众筹进行审批的同时，其实将一定的监管职责分派给了众筹平台，让其承担相应的责任，履行相应的注意义务。同时，还要求众筹平台在监管机构进行注册，比如意大利要求在CONSOB注册，澳大利亚要求在ASIC注册，美国则规定，众筹平台虽可以不注册为经纪商，但仍需遵守SEC对经纪商的若干规定，同时必须为国家证券协会（National Securities Association）的会员。

（二）中国众筹法律制度构建设想及实施路径探讨

虽然目前众筹在我国还有法律上的重大障碍，但众筹立法已经引起政府高度关注。中国证监会在2014年3月28日举行的新闻发布会上明确表态："股权众筹融资，可以说是近年来出现的基于互联网平台的创新型融资模式。我们认为，它对于完善多层次资本市场体系、拓宽中小微企业融资渠道、支持创新创业活动和帮助信息技术产业化等，都具有积极意义。证监会目前正在对股权众筹融资进行调研，适时将出台相关指导意见，促进股权众筹投融资的健康发展，保护投资者合法权益，防范金融风险。"2014年6月12日上午，证监会主席肖钢亲自到网信有限公司、北京天使汇创业金融信息服务有限公司进行调研，这两家公司都是提供众筹服务的互联网金融企业。参考意大利、美国、澳大利亚等国的立法实践，本书就我国的众筹法律制度应当如何构建，提出如下设想：

1.在新修订的《证券法》中建立小规模公开发行股票制度。目前在我国发行股票只能通过公开发行和私募两种方式。其中私募发行必须向特定对象发行，人数不得超过两百人，且不得有任何广告、公开劝诱等行为，这虽然一定程度上也能满足部分初创企业的融资需求，但与众筹的功效有巨大差异。而《证券法》第二章所规范的公开发行，则只针对中大型企业，设置了较高的发行门槛，并且必须发布详细的招股说明书，发行前需经中国证监会批准，发行过程必须通过证券公司承销股票。在公开发行制度体系内，缺乏对小规模公开发行的豁免规定。2013年12月，全国人大财经委正式成立了证券法修改起草组，正在积极推进证券法修改工作。全国人大常委会2014年立法工作计划中，2014年初次审议的法律案包括《证券法》（修改），初次审议时间定在12月。参考其他国家经验，建议在此次《证券法》修改时，建立小规模公开发行证券制度，对一定额度内的小规模公开发行，豁免证监会审批，豁免发布详尽的招股书、审计报告等，为众筹预留法律空间。但为了兼顾对投资人的保护，可以参考其他国家经验，设定小规模募股的年度限额和单次限额，设定投资人资格，设定投资人年度累计投资规模，要求发行人披露基本信息等。

2.规范管理众筹平台，赋予一定监管职责。我国众筹制度虽未出台，但众筹平台却遍地开花，其中很多众筹平台的运作还十分粗糙，这为未来众筹的健康发展带来潜在的风险。参考其他国家经验，我国对众筹平台也应当规范管理，赋予其一定的监管职责。本书认为，有两类主体可以成为众筹平台：一类是传统的证券公司，类似于美国的经纪商；一类是非证券公司类的专门众筹平台公司。对于第一类公司，本身就有完善的监管制度体系予以约束，可以结合众筹的特点进行修改和补充，但无需另起炉灶进行监管。对于第二类公司，则应当将其纳入监管体系。可以考虑采取类似中国证监会监管私募基金的做法，要求众筹平台在中国证券业协会或中国证券基金协会等中国证监会直属的协会进行备案登记，取得备案资格后方可运行。同时，从协会层面，制定若干细则，监督其运行，在基础设施、人员资格、交易规范、交易记录保存、内部控制、利益冲突、信息披露、投资者保护、发行人审慎调查等各方面做出要求，让众筹平台在未来众筹市场上发挥核心作用，兼顾为发行人募集资金及保护投资人的双重角色。

3.四板市场或可成为众筹试验场。对于公开募股，我国从来没有豁免审批的尝试。考虑到我国金融环境和社会环境的不同，本书认为，在我国众筹市场初期，如果完全放开，不加任何体系化约束，恐怕会陷入混乱境地，反而不利于众筹的长远发展。因此建议，在市场发展初期，可以借助四板市场作为众筹的试验田。

作为我国多层次资本市场的重要组成部分，区域性股权交易所，俗称场外市场，或可成为绝佳的潜在众筹市场。与全国中小企业股权转让系统（俗称新三板）不同，绝大多数区域性股权交易所，对挂牌企业几乎没任何硬性门槛要求，初创企业可以满足挂牌要求，且成本极低。但相比之下，区域性股权交易所都有当地金融局或金融办公室的监督，都有规范的设施体系和制度体系，运作相对规范。因此，从众筹路径上可以考虑，允许区域性股权交易所（公司）作为众筹平台，为初创企业进行小规模公开募股，并在募股后挂牌，实现基本的信息披露和二级市场流通。这样既能解决信息披露问题、发行人监管问题，又能实现二级市场挂牌交易，解决流通性问题。同时，可以赋予区域性股权交易监管权，独立批准发行，豁免证监会批准及证券法律制度关于信息披露的复杂要求，实现区域性股权交易所的自我监管。在放开众筹的同时，又不至于陷入混乱。待总结初期发展经验后逐步推开，开放多渠道的众筹路径。

第二节　中国式股权众筹存在的困扰

与其他融资模式相比，我国股权众筹尚处于起步阶段，虽然发展空间很大，但也存在着诸多问题，其中股权众筹融资过程中所隐藏的法律风险便是其发展壮大过程中所不容忽视的重大难题。重大在于对股权众筹法律风险的把握决定其今后能否在市场中得到长足发展，能否被监管者包容甚至肯定。困扰在于股权众筹中的风险种类、风险纳入的必要性及风险纳入机制等问题目前尚未有明确统一的认识，仍需进一步讨论研究。

第一大困扰是触及公开发行证券或非法集资红线的风险。

股权众筹的发展冲击了传统对公募与私募界限的划分，使得传统的线下筹资活动转换为线上，单纯的线下私募也会转变为网络私募，从而涉足传统公募的领域。在互联网金融发展的时代背景下，公募与私募的界限逐渐模糊，使得股权众筹的发展也开始触及法律的红线。

要判断该行为是否违反《证券法》则看其是否是公开发行。股权众筹需要对其运作模式进行严格的管控或采取特殊方式才能规避《证券法》的限制，而这种规避方式从法律解释的角度来看往往又是不可靠的，伴随着较高的法律风险。

2010年12月出台的最高人民法院《关于审理非法集资刑事案件具体应用法律若干问题的解释》第6条规定："未经国家有关主管部门批准，向社会不特定对象发行、以转让股权等方式变相发行股票或者公司、企业债券，或者向特定对象发行、变相发行股票或者公司、企业债券累计超过200人的，应当认定为擅自发行股票、公司、企业债券罪。"其构罪的客观方面是未经批准、变相发行或超过人数限制，其中"向社会不特定对象发行、以转让股权等方式变相发行股票"的可解释空间较大，股权众筹的融资方式按照一定的解释方法很有可能会被囊括其中，面临着刑事制裁的风险。倘若真的走入禁区，按照我国"先刑事后民事"的诉讼程序，投资人的合法财产利益便会受到极大的威胁甚至可能血本无归。

第二大困扰是存在投资合同欺诈的风险。股权众筹实际上就是投资者与融资者之间签订的投资合同（属于无名合同），众筹平台作为第三方更多的是起着居间作用。

我国的股权众筹多采用"领投+跟投"的投资方式，由富有成熟投资经验的专业投资人作为领投人，普通投资人针对领投人所选中的项目跟进投资。该机制旨在通过专业的投资人把更多没有专业能力但有资金和投资意愿的人拉动起来。但这样一来，在政策与监管缺失的情形下，这种推荐引导的投资方式往往会试图抓住投资者的投资心理，容易增加领投人与融资人之间恶意串通，对跟投人进行合同欺诈的风险。领投人带领众多跟投人向融资人提供融资，若该领投人名气很大或跟投的人数众多，便会产生"羊群效应"，造成许多投资人在不明投资风险的情形下盲目跟风，那么当融资人获取大量融资款后便存在极大的逃匿可能或以投资失败等为借口让跟投人尝下苦果。这种投资合同欺诈的风险往往是由领投人与跟投人之间、跟投人与融资人之间的信息不对称以及融资人资金运作缺乏相应监督制约机制所造成的，加上"羊群效应"的作用，这种风险会成倍地增加，很可能最终会酿成惨重的后果。同时，对于单个投资者而言，存在因为小额的投资纠纷不得不走上民事甚至是刑事法庭的现象，纠纷解决的成本过高。

第三大困扰是股权众筹平台权利义务模糊。

一般来说，股权众筹平台的作用在于发现投资者与融资者的需求并对其进行合理的匹配，提供服务以促成交易并提取相应的费用作为盈利，起着居间作用。但具体来说，它具有的又不完全是居间功能。从股权众筹平台与投融资双方的服务协议可以看出，股权众筹平台除了居间功能之外还附有管理监督交易的职能，如天使汇服务协议第4条规定，若用户有违反协议或法律的行为，则众筹平台有权采取包括但不限于中断其账号，删除地址、目录或关闭服务器等行为。同时，我们认为股权众筹平台要求投融资双方订立的格式合同所规定的权利义务也存在不对等。因此，目前股权众筹平台与用户之间的关系需进一步厘清，并在双方之间设定合理的权利义务关系，为今后可能出现的法律纠纷的解决提供可靠的依据，这也是对用户合法权益进行保护、维护服务双方平等性地位的必然要求。

他山之石：美国JOBS法案。

为了让中小企业在《证券法》的制度框架内更容易地吸引到投资者的资金，刺激中小企业、快速成长企业的发展以促进就业率的提高和经济的稳定增长，奥巴马于2012年4月正式签署JOBS法案。JOBS法案在第三部分规定了进行股权众筹融资的条件、投资者的分类及最高投资限额、对融资者和众筹平台的要求等内容，将极大地促进美国股权众筹的发展，其积极影响具体表现在以下方面：

一是推进股权众筹融资的合法化。为了允许中小企业在金融市场上进行股权众筹融资，确立股权众筹的合法地位，JOBS法案对美国1933年《证券法》作出修改并增加一项条款，该条款明确规定众筹融资若是满足一定的条件便可以不必到美国证券交易委员会（SEC）进行注册即可进行股权融资，从而以法律的形式确立了股权众筹的地位。当然，进行股权众筹融资需满足的条件也是较为苛刻的，包括在股权众筹融资中充当中介的经纪人必须已在SEC进行了注册、融资者每年通过众筹平台募集的资金金额不得超过100万美元以及投资者投资的最高限额为10万美元。通过上述条件，股权众筹在跨入合法领域的同时也受到了SEC的有效监管。

　　二是加强对股权众筹投资者的保护。JOBS法案对投资者的投资数额和融资者的应尽义务进行了专门的规定。投资者方面，该法案根据年收入或净资产对投资者进行分类并规定了相应的投资数额上限，其中年收入或净资产低于10万美元者，可投资金额为2000美元或者年收入或净资产的5%；年收入或净资产高于10万美元者，可投资金额为年收入或净资产的10%。但无论年收入或净资产多高，其投资金额均不能超过10万美元。融资者方面，该法案规定了融资者的4项义务，即：向SEC备案及对投资者、中介机构进行信息披露的义务，向SEC及投资者提交企业年度财务和运行报告的义务，不得以广告形式进行促销的义务，与投资者达成补偿促销者协议的义务。

　　JOBS法案对股权众筹的中介机构也提出了相应的要求，主要表现在"十个必须"：要求股权筹资的中介机构必须在SEC登记成为经纪人或资金门户，必须向投资者揭示融资过程中蕴含的和可能发生的风险并对其进行教育，必须按法案规定向SEC和投资者提供相应的信息和履行披露义务，必须登记成为一家被认可的自律性协会的会员并受协会的约束，必须采取相应措施防范股权众筹融资过程中的欺诈现象，必须采取措施保护投资者的个人信息，必须确保投资者没有超过投资数额限制进行投资，必须确保融资目标未实现时将所筹资金退还给投资者，必须限制对促销的补偿，必须限制中介机构与融资者产生某种利益关系或关联关系。

　　通过对美国JOBS法案关于股权众筹融资模式的相关规定的解读，结合我国股权众筹中存在的法律风险，不难发现，法案中的立法定位、投资者投资权限的设定、融资者与中介机构义务的明确、保护投资者权益等内容都值得我国借鉴。

当然，我国股权众筹的法律规制与制度在吸收美国的立法经验并不断完善的过程中，首先必须树立保护投资者合法权益的理念。股权众筹作为互联网金融时代下重要的金融创新形式，其发展必然离不开对股权众筹投资者合法权益的保护。由于在股权众筹的融资过程中，投资者常处于信息不对称的弱势地位，需要相关的法律规制与制度缩小投资者与融资者之间的差距，从而实现两方利益的均衡发展，这是现代金融的发展方向，也体现了金融效率与金融公平的内在统一。

其次，法规制度的完善在借鉴国外经验的基础上必须充分结合我国国情。我国股权众筹的起步是契合中国金融变革的时代需要的，虽然其在运作模式上受到美国一定程度的影响，但我国的股权众筹从萌生到发展都根植于中国的法制和信用环境之中，其在成长过程中总是针对各种因素的变化适时地作出调整。因此，我国股权众筹法规制度的完善在借鉴有益经验之后最终还是要回归于本土实际。最后，对股权众筹的法规制度的完善更需从小处着手，最终落实于制度或举措的变革与完善上。

第三节　如何避开法律风险

经过对我国股权众筹发展现状和法律风险的分析，在借鉴美国JOBS法案立法经验的基础上，试图从制度层面上提出如下完善建议：

一是对《刑法》中的非法集资犯罪重新进行审慎考量。

　　我国《刑法》中的非法集资类犯罪并没有单独成立一个具体的罪名，而是将《刑法》第160、176和179条三个罪名囊括在内。在互联网金融蓬勃发展，股权众筹才刚起步的阶段，需要对非法集资类犯罪重新进行考量，以适应客观经济、社会环境的变化。

　　第一，合法集资与非法集资的界限问题。现在只要一谈到集资，往往首先想到的便是其合法性问题。可是目前集资的合法与非法的界限不甚明确，导致非法的范围不断膨胀，合法更是无从谈起。笔者认为，界限模糊不代表可以随意地定界限，对其理解应当遵循立法原意。非法集资类犯罪保护的客体往往是国家的经济管理秩序及其社会公众、法人的合法财产权益，只要在不侵犯该客体的情况下，通过正当途径募集资金用于货币、资本以外的生产经营，都应该属于合理的集资行为。股权众筹在一个相对公开的平台上基于企业或项目的创办进行投融资，其募集的资金也是用于生产经营而非进行资本再生性投资，不应当将其纳入到非法的范畴之中。

　　第二，实施效果问题。非法集资类犯罪的设定对规范我国的资本市场起到了积极作用，但也挤压了民间金融的合理空间。民间生产生活中有大量的资金需求通过正规金融渠道无法得到满足，便基于信任通过达成合意的方式进行借贷或投融资，只要不损害国家管理的金融市场秩序和公共利益，这一行为《刑法》不应过多地干预。因此，从实现效果看，非法集资类犯罪的范围应当压缩，合意行为产生的风险和纠纷应按民事纠纷途径解决，保持《刑法》的谦抑性。

　　第三，罪名表述本身也过于简单，可解释的空间太大。导致在打击非法集资类犯罪时，也打击了不属于其调整范围的其他资金募集行为。

因此，在互联网金融、微型金融推动金融变革的时代，非法集资类犯罪的范围界限需明确，调整范围需缩小，罪名表述需具体，这样才能给股权众筹等金融创新以合理的发展空间。

二是推进《证券法》中有关证券公开发行条款的修改。

美国JOBS法案针对不断发展的股权众筹，所采取的措施不是用法律的枷锁将其束缚住，而是对1933年《证券法》作出修改，给股权众筹更多的发展空间，同时完善对投资者、融资者、中介机构的规范，在法律的框架内引导股权众筹的发展。我国股权众筹的兴起与我国当前创业环境差、投融需求不匹配的现状密切相关，股权众筹不仅降低了融资门槛，将投融资需求匹配起来，提高了资金使用效率，还扮演着创业红娘的角色。面对这一新兴事物，面对互联网金融所引起的金融变革，《证券法》应当适时地作出修改，在包容金融创新的同时对其进行合理的监管、引导。

如上分析，我国股权众筹的发展存在着触及证券公开发行红线的风险，即便尚未踏入禁区，股权众筹也需花费大量的成本规避法律风险。很大程度上，这成了股权众筹发展的阻碍。为了践行《证券法》的立法宗旨，宜对有证券公开发行的条款作出适当修改，承认股权众筹的合法地位，同时增加相应的有关投资者、融资者、众筹平台的条款，明确其权利义务，规范其市场行为，以保证投资者权益得到有效保护，实现金融市场秩序的稳定。同时，在放低准入门槛的基础上加强监管，实现"宽进严管"，推进我国的金融监管模式由分类监管向行为监管与行政监管相结合的转变。

三是细化股权众筹投资者的分类并明确其投资权限。

股权众筹的发起是基于创办企业或开发项目，而该企业或项目通常还停留在观念上，并未付诸具体的实施。因此，为了减少投资的非理性和"羊群效应"给投资者和市场带来的损失，应当根据一定的标准（如收入水平、交易记录）对股权众筹投资者进行分类，并按照不同的类别设定投资者的投资权限，达到控制投资者损失、保护投资者利益、稳定金融市场的目的。当然，划分标准的设定既要考虑到投资者的实际能力又要考虑融资者的融资需求，标准不宜太严，否则对于双方而言都失去了投融资的意义；标准也不宜太宽，否则设定标准保护投资者的意义便失去了。

据了解，目前我国通过股权众筹模式进行融资的项目或企业其融资总额一般在5万—500万元之间，可投资项目达到1780多个，融资需求将近50亿—70亿元。因此，考虑到我国投融资现状，本书建议，可建立以年收入或净资产为基础，投资损益记录为附加的复合分类标准。首先按以投资者的年收入或净资产为基础分类的标准，分为年收入12万元以下、12万—50万元、50万元以上三类投资者群体，并规定其投资金额不得超过年收入的比例分别为10%、15%、20%，但最高不得超过50万。同时，将以往投资损益记录情况作为附加分类标准：若上一年度投资净收益为正，则该年度投资金额占年收入的比例可向上浮动3%—5%；若上一年度投资净收益为负，则该年度投资金额占年收入的比例需下调至少5%。最后，还需设定融资者股权众筹的最高融资额。融资者每年通过股权众筹平台所融资金不得超过500万元。

四是明确股权众筹平台的权利义务关系。

在股权众筹融资过程中，众筹平台作为中介机构不仅起到了匹配投融资需求的居间作用，同时也掌握了投融资过程中的重要信息。因此，众筹平台理应承担更多的责任。

互联网金融引领金融脱媒时代的到来，股权众筹模式在实现脱媒的同时也逐渐成为中小企业融资的一条有效途径。然而，这条途径的有效性能得到多大程度的发挥呢？这取决于现行法规制度能否在控制股权众筹模式法律风险的同时为其提供更大的发展空间，究其本质，就是如何平衡好金融创新与金融稳定的关系。保护金融消费者的合法权益作为金融创新与金融稳定的平衡器，也理应成为股权众筹法规制度的出发点与归宿点。这就要求股权众筹模式的现状解读、法律风险分析和规制制度的完善都应当围绕保护投资者合法权益的中心展开。唯有如此，股权众筹的法律规制才能日臻完善，股权众筹的创新价值才能得以彰显，股权众筹的蓬勃发展才会如期而至。

第九章
中国众筹的未来

　　2014年第一季度，国内众筹募资总金额约5245万元，其中包括奖励众筹募资520万元、股权众筹募资4725万元。2014年第二季度累计募资13546万元，环比增长了158.3%，其中奖励众筹募资金额2708万元，环比上涨420.8%，股权众筹募资金额10838万元，环比上涨129.4%。2014年第三季度，众筹募资总金额达到27586万元，较上一季度增长了103.6%，奖励众筹达到7302万元，股权众筹达到20284亿元。第四季度我国众筹募资总金额累计突破4.5亿元，其中包括奖励众筹10435万元、股权众筹34682万元。可见众筹规模在2014年各个季度都达到了成倍增长，我国国内众筹行业仍处于飞速发展阶段。回首2014年，虽然在互联网金融大格局中，众筹还只是小小的部分，也不如P2P那般让人癫狂，不过那一件件大事件，仍刺激着我们的神经，细细品评，回味无穷。而面对未来，我们应更加热忱地去迎接它、包容它和创造它。

【引导案例】

公益众筹："益"起来给鸟儿"安个家"

发起平台：同筹荟

发 起 人：丁婕

发起时间：2014年12月29日

项目简介：

随着城市化进程的迅猛发展，城市生态环境问题突出。如何改变这种状况，改善城市生态质量，使其中的环境和资源得到合理利用，达到可持续发展，已成为当前人们所关心和研究的热点问题。作为国际化大都市的上海，也面临着同样的问题。城市野生动物是城市生态系统中重要的组成部分，特别是鸟类，与人类的关系密切，并且对环境能起到指示作用。

我们希望通过悬挂人工鸟巢的方式来改善城市中鸟儿的栖息环境与繁衍条件，同时吸引更多的鸟儿在我们家园的周围安家落户。悬挂人工鸟巢是保护鸟类的一种非常有效的措施，也是对城中林木进行生物防治的一个有效手段，此举对于招引和保护食虫益鸟、控制森林病虫害、维护生态平衡、培育稳定的森林生态系统、提高森林自控能力、实现人与自然和谐发展等都有着重要意义。我们将根据鸟儿生存现状和林木防治需求，在上海徐汇区、宝山区、江湾镇、浦东新区率先悬挂一批人工鸟巢，为鸟儿遮风挡雨。

认领后的鸟巢属于认领者，支持者可亲手将认领的鸟巢悬挂在树上，也可以我们的工作人员代劳。主办方将制作爱心认领卡交给认领者。爱心认领卡上将会标明认领人的姓名、鸟巢的编号、悬挂的具体地址、悬挂的树种等信息，保证认领人能得到鸟巢的详细、准确的信息。

鸟巢由我们来统一悬挂，分别悬挂于上海徐汇区、浦东新区、江湾镇、宝山区。鸟巢悬挂完成后，您将成为此次活动的爱心大使。参与支持者可以根据爱心卡上的信息自行前往悬挂地点实地观察鸟巢的使用情况，亲身体验保护鸟类的快乐。

项目状态：

众筹成功。

共8人次参与到此次众筹项目中。共众筹资金人民币1840元，超额完成184%。

项目成功说明了越来越多的人开始意识到环境保护这一大课题的重要。多数人想要参与环保却苦于无从入手，众筹平台给予了大家力所能及的可亲手操作并有可见效果的环保举措，从小鸟出发调动扩散大众的环保意识。可以说这个项目绝不仅是众筹一个鸟窝这么简单，通过小事来体验和参与，每个人都可以是天使，都可以做出一个小小的改变，重力汇聚形成燎原之势才是公益众筹的最终落脚点，也是大家积极参与众筹源源不竭的动力。

第一节　监管下的阳光化道路

股权众筹作为新型的金融模式，为创业者提供广阔展示平台的同时，也为天使投资人、VC、PE们提供更多投资机会。可以说，它从出生的第一天起就受到业界的大力追捧，然而其头上一直高悬的法律法规之剑，使得众多投资人不得不忍痛割爱。2014年末至2015年初，传来国家政策频频利好的消息，给尚在襁褓中的众筹行业以合法肯定，股权众筹也因此将走上阳光大道。目前我国的股权众筹平台有同筹荟、云筹、原始会、天使汇、好投网、我爱创等。

在诸多利好的消息背后，笔者认为股权众筹要想走得更顺畅，还需三项突破：

其一，证监会公开发行股票规定尚需突破，可以以股权、债券、分红等形式作为回报，来刺激创业企业大规模进军众筹行业。

其二，突破代持股份限制，所有股东都可实名持有。

其三，网上办理工商手续，减少股东身份确认等手续的成本。

随着证监会相应细则的出台，相信我国股权众筹将获得长久发展，造福小微企业，促进我国经济的发展。

中国证券业协会于2014年12月18日公布了《私募股权众筹融资管理办法（试行）（征求意见稿）》（以下简称《办法》）。作为第一部涉及众筹行业的监管规则，《办法》就股权众筹监管的一系列问题进行了初步的界定，包括股权众筹非公开发行的性质、股权众筹平台的定位、投资者的界定和保护、融资者的义务等。

《办法》界定平台为中介机构，是为股权众筹投融资双方提供信息发布、需求对接、协助资金划转等相关服务的中介机构。对于从事私募股权众筹业务的股权众筹融资平台（以下简称股权众筹平台），主要定位服务于中小微企业，众筹项目不限定投融资额度，充分体现风险自担的原则，平台的准入条件较为宽松，实行事后备案管理制度。但是《办法》将投资人门槛设定为按照私募基金投资人同等管理，限制了市场潜力，不利于平台发展。

《办法》提高了投资者门槛，投资者为净资产不低于1000万元人民币的单位，或金融资产不低于300万元人民币或最近3年年均收入不低于50万元人民币的个人。投资者除能提供相关财产、收入证明外，还应当能辨识、判断和承担相应投资风险。

《办法》进行分业监管，禁止股权众筹平台兼营个体网络借贷（即P2P网贷）或网络小额贷款业务，也不能对众筹项目提供对外担保或进行股权代持。

该《办法》只是征求意见稿，其出台后遭到了业内人士的批评。首先其从根本上在《证券法》的法律框架下执行，《证券法》第十条规定，公开发行证券，需经证券监督委员会等相关部门核准，向不特定公众发行证券，或像特定对象发行证券累计超过200人则视为公开发行。而众筹应属于不公开发行，其人数累计不应超过200人。本次《办法》并未突破200人的界限，而且大大提高了投资者的门槛，仅仅将平台设定为中介，对于平台后续的追偿，对投资人的保护，相关责任并未明确。笔者认为，该《办法》只能是对众筹监管的初步意见，是过渡阶段的产物，如果真想让众筹行业得到健康发展，需要监管部门用更高的智慧来解决，而不仅仅是现有法律和政策的整合与罗列。听取市场的声音，顺应发展的趋势，一流的行业需要更高的监管。

第二节　中国众筹的几个趋势

趋势一：众筹将成互联网金融领域的弄潮儿

同筹荟已经成为上海股交中心第一家E板挂牌企业。淘宝众筹
"淘星愿"、京东的JD+营销计划和京东众筹，还有百度早就放出
消息要推众筹平台。且不说没有"亲爹"的众筹平台，单就BAT大
牛们进军众筹这一领域，即可窥视出2015年的众筹在互联网金融领
域的饕餮盛宴。没有"亲爹"寻找"干爹"的创业型众筹网站、互
联网大巨头的加入，还有海外巨头的涌入等迹象表明，众筹将成为
2015年市场经济中不可忽略的大市场。

趋势二：垂直化、专业化众筹平台将成主流

当今互联网发展格局，垂直网站是未来一大潮流，众筹平台也
不例外。就目前来看，我国的垂直众筹平台做得是风生水起，典型
代表有：定位于微电影众筹项目的淘梦网、音乐行业的乐童音乐、
动漫游戏行业的众豆豆和助力大学生实现梦想的酷望网。

选择做垂直众筹平台，除了去同质化目的以外，还有两个重要
的原因：

其一，垂直平台专一性的特点，使得平台能够规模化、低成本
地细分众筹领域，满足个性化需求并形成独具特色的社区文化和基
因，从而让投融资关系更加融洽。

其二，垂直平台可以无限大地体现平台的专业性、权威性并定
位精准地吸引到特定投资人群反复投资，增加黏性。

常言道，"识时务者为俊杰"。相信在2015年，还会不断涌现出关注艺术、影视、文创、地产、饮食等细分领域且专业的垂直众筹平台，它们将轻松跨越资金成本和劳动力募集的高门槛，引领众筹走向垂直化众筹平台的新潮流。

趋势三：现场众筹或将成为线上众筹的有益补充

众所周知，搭建一个众筹网站是很容易的事，不过就那么几套模式。众筹真正的难点在于如何运营。现场众筹就是目前众筹平台想出来的一个运营妙招，即在新项目出现时，项目发起方直接现场展示给投资方，获得媒体关注，创造市场机会，远超线上的融资。现场众筹将为刚刚上线没有流量、没有粉丝积淀的创业型众筹平台带来一丝丝悸动。

趋势四：微筹、云筹或将成为众筹行业的大胆尝试

移动互联网时代，使得很多行业把业务接入到微信平台，特别是微支付功能的开启，给这些行业创造了更多商机，比如火热的微商城。同筹荟已经成功利用微信开展了众筹，而且带来了非常好的社会影响。

随着云技术、大数据等技术的进步，一些平台也开始运用大数据系统和云服务的结合来发展众筹行业。身先士卒的云筹平台，未来会给我们带来什么惊喜？咱翘首以盼！

趋势五：文创类、公益类众筹，得到的不仅是钱

按常理来讲，众筹平台的主要目的是筹钱。而作为第三产业的文化创意行业，获得首批忠实粉丝和营销传播方式才是主要目标。做得比较成功的案例要数国内首个众筹拍出来的电影《十万个冷笑话》，短短5个月的时间，在点名时间融得137万元资金，获得5000多位网友支持。可见，文创类众筹所获得的回报不只局限于筹钱，还将引领个性化定制经济、互动经济与体验经济时代。2015年，文创类众筹的发展，将是众筹的一个重大趋势。

捐赠类众筹作为众筹四大分类中的一项，为整个慈善行业带来了巨大变化。慈善事业通过众筹平台可以获得双倍的利益：其一，利用互联网快速、分享的特点，众筹的筹款方式更有时效性，更容易募集到捐款；其二，提高小型慈善机构的曝光度。因此，对非营利性机构来说，众筹对于其宏观经济发展和升级有着至关重要的意义。非盈利性机构将持续与众筹平台合作，互惠互利。

趋势六：众筹平台超越固有思维范式，走向综合服务化

目前不少平台狭隘地认为众筹平台只要做到找项目和找投资就完事，殊不知项目众筹成功只是一个开始。众筹平台上升到一个阶段后，平台综合服务化的竞争将是未来众筹的一个发展趋势。

完整的众筹综合服务化平台一定要包括如下四点：

其一，项目融资成功前的项目产品化。平台展现给投资方的融资方案一定要专业。

其二，融资过程中的发起方要和投资方"亲密接触"。平台要

给二者营造一个线上和线下沟通交流的环境。

其三，融资成功后的进一步跟踪调查。

其四，投后管理平台，与投资方建立良性沟通渠道。

比如，同筹荟与长江联合股权基金合作建立的企业加速器，为企业提供了一整套投后孵化服务。各家众筹平台都不再局限于项目融资成功环节，综合服务化将成为2015年乃至以后许多年众筹行业的重要趋势。

总而言之，未来几年的众筹领域还将会收获更多的聚光灯。作为最具发展潜力的行业，我们应更加热忱地去迎接它、包容它和创造它。

第三节　中国众筹的挑战与机遇

相对于发展得轰轰烈烈的国外众筹市场，国内的众筹市场尚处于萌芽期。虽然目前国内的众筹平台众多，但发展情况却是有好有坏，一个个新的团队投身其中，不乏铩羽而归者。那么，国内众筹面临着哪些挑战和发展机遇呢？

我国众筹行业尚处于萌芽期，在很多方面都存在着不足，其融资规模和发展方式受到来自资金供给方、需求方及监管层等各方的制约，面临着严峻的挑战。

第一，缺乏有效的监管机制。由于缺乏专门针对互联网金融的监管机制，面向的又是不特定公众，股权众筹自诞生之日起就一直顶着非法集资的嫌疑，游走在法律红线边缘。一方面导致筹资方项目的鱼龙混杂，优质项目难寻；另一方面也降低了资金供给方的投资热情，市场风险颇大，限制了众筹行业的健康发展。

第二，退出机制不完善。众筹项目往往投资回报周期都很长，但由于不存在公开的交易市场，流动性很低，大多数平台都没有设定一个明确的退出机制。投资者一旦投资，就很难抽身退出，往往就会被套牢，这也是限制投资者投资热情的因素之一。

第三，公众认知度低，投资体验不够。由于监管层设定了不得承诺现金回报这一红线，投资者信用危机无法得到有效解决，对众筹项目的资金安全性通常都会存在疑问。而有些项目的融资方也确实存在滥用资金的情况，这些直接导致了作为资金供给方的公众对众筹行业的认知度偏低，抑制了行业发展。

有机遇才会有挑战，作为互联网金融后起之秀的众筹行业，未来无疑是存在很大的发展空间的。"融360"在报告中总结了众筹行业未来的几个机遇：

第一，庞大的资金需求和供给市场。从行业的供需角度出发考虑，众筹行业的发展前景无疑是巨大的，庞大的资金缺口亟待填补；与此同时，海量的投资用户想投却愁找不到优质的项目，这一方面是行业发展的一个瓶颈，另一方面，也是掩盖在信用制约下的市场机遇。

第二，相关监管政策呼之欲出。2014年12月18日，中国证券业协会起草了《私募股权众筹融资管理办法（试行）（征求意见稿）》，并在协会网站公布。征求意见稿若正式通过，未来更加完善的行业监管细则一旦出台，将有效约束众筹行业的野性增长，指引其朝着规范化方向良性发展。这对处于萌芽期的众筹行业参与者而言，是难得的机遇。不论是筹资方、投资者还是众筹平台，都应从长远的角度，综合考虑利益获取的可持续性，共同推进行业的健康稳定发展。

第三，个人征信市场化闸门开启。优质项目过少及投资者热情度不够，这大多都是由信用隔膜下的风险所致。2014年8月，首批第三方征信机构获批企业征信牌照，此后有3批共34家第三方企业获得企业征信牌照；2015年1月5日，央行印发《关于做好个人征信业务准备工作的通知》，要求包括蚂蚁金服旗下的芝麻信用在内的8家机构做好个人征信业务的准备工作，准备时间为6个月，此举意味着国内的个人征信市场化的闸门正式开启。

个人征信市场化闸门的开启，将有效地提升互联网金融市场的信息披露透明度，对建立可靠的众筹平台和筛选出优质的众筹项目都是极大利好的消息。

中国错过了多个历史性转折的机会，从第一次工业革命、第二次工业革命，到电子信息产业革命，一再落后。在电子信息产业革命中，中国电子信息产业起步晚，在最早的时候落后很多，差距很大。在第一波浪潮的时候，也就是个人电脑和桌面软件的时代几乎是任人宰割，并且整个产业多年受制于人。以核心软件技术操作系统和数据库为例，依然几乎100%被海外企业占据。后来在应用软件和互联网发展上有所追赶，但仍然差距显著。终于在电子商务浪潮里，几乎追平。互联网金融先后经历了信息分享、知识创造和消费商业三大阶段，现在正迈向革命投资领域的互联网金融时代。互联网金融作为新生事物，在中国发展蓬勃，并不输给任何国家。虽然问题种种，有野蛮生长的痕迹，但是这正是新生事物发展的必经阶

段。众筹更是如此，方兴未艾。中国要面向未来做准备，就是要有
做先行者的眼光，使中国的互联网金融行业将来成为世界领先的。
中国要站在世界最前面，成为引领世界潮流，特别是探索全新社会
生产资料分配模式的先驱，就要有做领军人的勇气和想象力。

在当今这个瞬息万变、产业发展飞速的时代，在难于把握未
来的方向和合适的尺度的初期，与其过早急于管起来，不如打破陈
规，大胆地放一放。不要为了锄野草而放火燎原，要让众筹这个种
子在野草丛中开花结果。

第十章
引导案例

海外众筹案例：

澳洲圣地亚金鼎文化发展控股集团有限公司首次公开招股

发起人：圣地亚

企业简介：

澳洲圣地亚金鼎文化发展控股集团有限公司是一家专门从事以潮绣为代表的中国非物质文化遗产项目市场推广和产业开发的综合型企业。从1986年开始进入潮绣市场，主要业务为：1.继承发展潮绣工业；2.生产和销售潮绣服饰；3.生产和销售潮绣工艺品。

公司于1997年成立广东圣地亚服饰有限公司，本着"为爱做衣"的核心价值观，将富有东方民族特色的潮绣服饰作品销往欧美和中东等。同时，公司生产的潮绣作品也作为国礼、海外政访的礼品及文化交流的纽带深受海内外人士的热爱。

公司拥有一支专业团队，内部使用ISO质量管理体系及现代化企业管理体系ERP管理软件，线上线下销售双管齐下。公司还与国家级工艺大师及高等服装院校强强联手，产学研同步发展，高新技术与潮绣文化资源相结合，使圣地亚的潮绣产品拥有在业内无法比拟的竞争优势，也为超值利润回报奠定了坚实的基础。

2012年，国家发展和改革委员会等7部门联合制定《国家"十二五"文化和自然遗产保护利用设施建设规划》（下称《规划》），明确中国非物质文化遗产项目产业开发是中国文化产业建设中的重要组成部分。圣地亚公司作为中国首批非物质文化遗产项目产业化开发企业，已成为中国文化产业的示范单位之一。

2014年国务院批准汕头经济特区创办华侨经济文化合作试验区，圣地亚公司首个中国非物质文化遗产潮绣生活体验馆揭幕。规划建设中的潮汕中国非物质文化遗产产业园，与汕头经济特区华侨经济文化合作试验区同步落地汕头，必将共同沿着海上丝绸之路航行，将承载中国千年传统文化的中国非物质文化遗产传播到世界各地。澳洲圣地亚金鼎文化发展控股集团有限公司也将打造潮绣非物质文化遗产产业第一品牌，筑造百年基业。

项目状态：

项目成功。共60多人次参与到此次众筹项目路演。共招募资金人民币2500多万元。

产品众筹案例：

《易经印谱》原拓版

发 起 人：林先生

发起时间：2015年1月8日

项目简介:

《易经印谱》特邀100位西泠印社的篆刻名家,将100句《易经》箴言,篆刻在一百枚青田石章上,编成书本发行于世。这100位西泠社员,皆为印学名家、业界翘楚,其篆艺之精妙,代表了当今篆刻艺术的一流水准。书中所用青田石种类有100多种,其中以灯光冻、黄金耀、封门青、金玉冻、竹叶青等为上佳印材。

该众筹项目主要推出全球限量版《易经印谱》原拓版200本,每本编号独一无二,极具投资、收藏价值。3年后,乾宝轩以每套不低于30%的回报率回购。

乾宝轩为每一套《易经印谱》及其编号提供认证,并承诺原版拓片不再进行印刷发行制作。西泠印社以及青田局为每一套《易经印谱》拓片颁发正式收藏证书。

篆刻艺术,是书法(主要是篆书)和镌刻(包括凿、铸)结合,来制作印章的艺术,是汉字特有的艺术形式,迄今已有3700多年的历史。

刘江主编的《易经印谱(精)》为中国篆刻大师的篆刻作品,内容按《周易》经传顺序排列,先六十四卦,次《系辞》以下诸传。本书中六十四卦内容,除《乾》《坤》两卦各三条外,其余各卦每卦一条。

据西泠印社理事李早介绍,该书具有三个显著的标志:

一、参与创作的作者有西泠印社执行社长——88岁高龄的刘江先生,有副社长韩天衡、李刚田、童衍方先生,更有94岁高龄的西泠印社名誉副社长高式熊先生亲自操刀。在5位社长的垂范下,更有36位理事参加了印谱的创作。朱关田副社长题写了书名,陈振谦副社长兼秘书长题词扉页，由此说明了它的权威性。

二、参与创作的作者地域分布广泛，涵盖了全国24个省市自治区，还有蒙古族与赫哲族等少数民族社员参与，由此说明了它的包容性。

三、参与创作的作者年龄跨度大，最年轻的社员是"80后"，今年32岁，最年长的社员94岁，相差62岁。一大批具有较高知名度的中青年社员参与，所以这是真正意义上的群贤毕至、少长咸集，由此说明了它的代表性。

西泠印社介绍：

西泠印社，创建于清光绪三十年（1904年）。该社由浙派篆刻家丁辅之、王福庵、吴隐、叶为铭发起创建，吴昌硕为第一任社长。以"保存金石，研究印学，兼及书画"为宗旨。是海内外研究金石篆刻历史最悠久、成就最高、影响最广的国际性的研究印学、书画的民间艺术团体，有"天下第一名社"之誉。

社址坐落于浙江省杭州市西湖景区孤山南麓，东至白堤，西近西泠桥，北邻里西湖，南接外西湖。内建中国印学博物馆，收藏历代字画、印章多达六千余件。

1961年，印社被浙江省人民政府认定为浙江省重点文物保护单位。1979年，西泠印社被国家批准为正式出版单位。1999年，由西泠印社筹建的中国印学博物馆正式对外开放。2001年，被国务院命名为全国重点文物保护单位。2009年，由西泠印社领衔申报的"中国篆刻艺术"成功入选联合国教科文组织"人类非物质文化遗产"。

《易经》介绍：

《易经》，是中国传统"四书五经"中"五经"之一。因其理义精深，包罗万象，被列为"群经之首，大道之源"。据说，将《易经》垫于枕下，晚上可不做噩梦，就像貔貅一样，有居家辟邪之效。这个说法虽然玄乎，很多人却是相信的。

在今人读来，《易经》确实是一部深奥玄妙、晦涩难懂的古书。如今忽然与青田印石结缘：一百位篆刻名家，将一百句《易经》箴言，篆刻在一百方上佳青田石章上，编成《易经印谱》刊行于世。冥冥之中，好像万物自有理数，看似风马牛，合乎一处，却又浑然天成，再自然不过。

《易经印谱》印刷版：

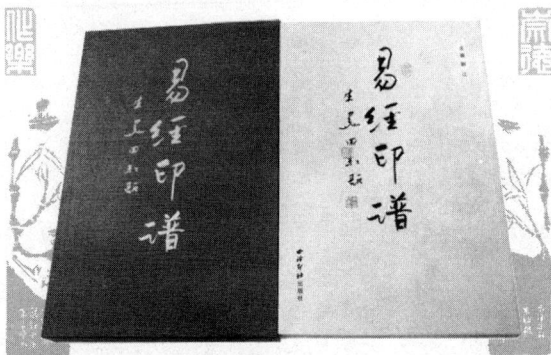

项目状态：

众筹成功。共众筹资金人民币560000元，完成率100%。

产品众筹案例：

图书《资本天道——众筹的力量》

发 起 人：百花洲文艺出版社

发起时间：2015年2月12日

项目简介：

《资本天道——众筹的力量》是一本全面系统阐释众筹这一概念的著作。本书共十章，全方位向读者介绍众筹这一伟大发明，力求让读者在看完本书后认识众筹、读懂众筹、爱上众筹并且学会如何更好地运用众筹、实践众筹。书中从理论到实践，深入浅出地阐述众筹的行业现状和实操经验，剖析众筹的运行机制，洞察商业世界中革命性的创新，瞭望未来众筹的监管动向，解读法律领域内批判式的观点。

《资本天道——众筹的力量》不仅能为即将参与众筹的人提供一个全面的入门指南，也为已经参与其中的实践者提供更多的经验教训；不仅关注众筹法律的立法动向，也向监管部门提出意见建议，以实际行动推动规则制定。

本图书由百花洲文艺出版社出版。

希望每一个认真阅读过本书的人，被某一个观点和句子击中，开始掩卷思考。看到一些可能，受到一些启示；放下一些幻想，开始一些行动。生命深处逐渐发生神奇的转变，就好像山顶上滚下的雪球，一个细小的石头垫了一下，开始向另一个方向有细小的转变。等一路落到山底，回头发现已经走出全新的轨迹。人生巨大的改变，往往就是这样发生的。

我们想做的是：给想了解众筹的人一把金钥匙，给想参与众筹的人一个好平台。

主编简介：

李波：经济学博士后，高级工程师。现任邦盟汇骏（上海）高级合伙人兼首席经济学家、同筹荟董事长、长江联合股权基金总经理。曾参与和主持了国内外多项重大项目，也经历了多次创业与企业创新。出版著作十余本。

丁婕：工商管理学士，为上海卓赫商务信息咨询有限公司创始人及现任CEO，同筹荟业务执行总裁、高级合伙人。经历了多次创业，在国内开办了多次营销培训，在业内享有盛誉。曾在中石化、华润等知名企业出任要职，曾参与组织过多个项目。

我们为何众筹：

众筹这个舶来品，在中国相对于传统的融资方式更为开放，能否获得资金也不再是以项目的商业价值作为唯一标准。只要是网友喜欢的项目，都可以通过众筹方式获得项目启动的第一笔资金，为更多小本经营或创作的人提供了无限的可能。造梦，是每个众筹人矢志不渝的追求，追梦路上的你是否已经有了足够的准备，看完本书相信你就可以找到答案。

资金用途：

本次众筹资金将用于《资本天道——众筹的力量》一书的设计印刷、新书发布等相关费用。

本书由百花洲文艺出版社隆重推出。

项目状态:

众筹成功。共众筹资金人民币56337元，超额筹得人民币6337元。

公益众筹案例:

清水河县窑沟乡"母亲水窖"工程

发 起 人: 上海内蒙古商会、内蒙古驻沪办

发起时间: 2015年3月26日

项目简介:

清水河县，是一个国家级贫困县，这个因境内清水河而得名的地方，却饱受严重缺水带来的困难和落后，而造成这里贫困的根本原因就是缺水。全县有95%的乡镇人畜饮水困难，窑沟乡是其中缺水最为严重的乡镇之一。当地人畜饮水主要依靠旱井和水窖，由于缺水，每天全家人的一盆洗脸水，要洗脸、擦地，还要用来饮牲畜。在那里，水要比油珍贵得多。

内蒙古自治区人民政府驻上海办事处了解到这一情况后，与清水河县有关部门进行了接洽，了解当地的实际状况，并通过上海内蒙古商会发起倡议，通过认购捐建"母亲水窖"的形式，帮助清水河县窑沟乡的老乡们进一步解决"水困"。

在商会理事会议上，该慈善项目得到了与会者的积极响应，大家纷纷表达参与的意愿，通过认购捐建帮助家乡亲人，会场上响起阵阵掌声。副会长薛治动情地说："我曾在清水河度过了我的童年时光，我对那里有着很深的感情，也深知那里的困难，此次捐建活动我积极响应……我代表我的两个小女儿进行认购，要让那里的孩子们喝上干净的水……"会长郑海生代表女儿们表达了认购的意向："这样的慈善公益活动，我们有责任支持，我也认购十眼……"新进常务理事云国福激动地发言；常务理事方铭贤、禹耀飞和理事孔文国也表示，他们企业在成长，他们愿意从他们的每一笔销售单位中抽取一定比例，捐助到该项目当中；未参会的执行会长李波、章文杰，副会长张宇鑫、杨宏亮也表达了捐建的意愿……

此次清水河的水窖捐赠活动"母亲水窖"由上海内蒙古商会和内蒙古自治区驻上海办事处共同发起，项目开始第一天已得到来自商会各成员的大力支持，支持金额高达50多万元，共认购30多口水窖。认购捐建活动正在持续进行当中，并通过同筹荟的平台展开众筹活动，希望大家能够伸出援手，继续支持此次捐建行动。

电影《洗澡》中有这样一个情节：一个姑娘要出嫁了，她父亲和兄弟带着粮食和水桶挨家挨户地敲门，用一瓢粮食换一瓢水，回来烧热了给她洗个澡。如此情节足以震撼人心，但在某地，对于那些缺水的人来说，连这样都只是种奢望。

　　清水河县地处黄土高原丘陵沟壑山区，属于半干旱型大陆气候。全县总面积2859平方公里，境内山大沟深、土地零散、水源奇缺，可开采地下水比例仅占地下水资源总量的五分之一。而干旱年份的蒸发量最高可达到降水量的14倍之多。

　　"母亲水窖"工程是指"大地之爱·母亲水窖"工程。万物感恩和关爱大地，人类感恩和关爱母亲。为改善西北地区严重缺水的恶劣状况，帮助那里的人们特别是妇女迅速摆脱由严重缺水带来的贫困和落后，在全国妇联的领导下，中国妇女发展基金会实施了此项计划，向社会募集善款，为西北缺水地区捐修水窖和小型供水工程等。

原始水窖，水的来源是雨水、雪水，极其不卫生

新建的水窖，水的质量得到了很大的保障

倡议书：

在此，我们发出倡议，伸出您的手，奉献一份爱心，携手支持"母亲水窖"送水行动，献出爱心，捐建更多的"母亲水窖"。

让我们用爱心滋润干渴的心田，让我们用爱的力量帮助家乡的亲人战胜干旱！

也请大家从现在开始，节约每一滴水，节约每一度电，节约我们可以利用的一切资源，更加爱护环境，珍惜水资源！

上海内蒙古商会简介：

上海内蒙古商会于2008年开始筹建，内蒙古自治区政府办公厅于2008年4月下文同意，上海市社团管理局于2009年3月30日批文同意成立。2009年5月17日，上海内蒙古商会举行庆典，宣告正式成立。上海内蒙古商会是由关心支持内蒙古和上海改革开放、经济发展、社会进步的在沪具有独立法人资格的企业；同时也是内蒙古驻沪的各类经济、服务组织和机构，在沪有稳定工作和固定住所并遵纪守法的内蒙古籍人士，自愿组成的联合性的非营利性社会团体，具有独立社会团体法人资格。该会的宗旨是：拥护中国共产党的领导，坚持以经济建设为中心，树立科学发展观，构建社会主义和谐社会，引导会员遵守宪法和法律，诚信经营，热心公益；加强会员间交流与合作，维护会员合法权益，扶持和促进会员企业的发展；加强横向联系，"为北开南联牵线，给东引西进搭桥"，互通信息，增进友谊，共谋发展，求得双赢；为加强内蒙古和上海的交流与合作服务，为促进内蒙古和上海的经济发展与社会进步服务。

内蒙古驻沪办简介：

内蒙古自治区人民政府驻上海办事处是自治区派驻上海的综合办事机构，其前身是内蒙古驻上海工商办事处，成立于1958年，隶属重工业厅。后几经变更，于1986年归属自治区政府直接领导。内蒙古驻沪办是自治区设在上海的窗口，承担着服务内蒙古经济社会发展、促进蒙沪合作交流的光荣使命。办事处为副厅级建制，行政上为自治区政府直属单位，承办自治区政府交办的行政任务，隶属政府办公厅管理；同时，受上海市人民政府合作交流办公室领导，党的关系在上海市合作交流工作党委。办事处的主要职责是构建自治区在上海的招商、信息、培训、接待四个中心，不断拓展和深化服务领域和服务功能。

项目状态：

众筹成功。共众筹资金人民币196000元。

同筹荟自众筹案例：
同筹荟介绍、同筹荟自众筹

同筹荟致力于打造中国最安全、高效的互联网众筹融资平台，由上海同译信息技术股份有限公司、邦盟汇骏资产管理（上海）股份有限公司、上海长江联合股权投资基金管理股份有限公司等多家企业与多位知名投资人共同发起成立。

同筹荟是国内唯一一家上海股权托管交易中心E版挂牌上市的众筹平台。同筹荟以为中小微企业及个人提供股权众筹与产品众筹为己任，同时为投资者提供专业尽调、项目筛选及风险控制，帮助其实现财富梦想。

我们拥有完整的服务链条，帮助中小微企业或个人完成股权或产品众筹，与项目发起人共同成长，成为伟大项目的摇篮。

我们拥有完整的服务链条，能够吸引大批投资人与项目发起人在平台碰撞，一同向着打造安全、高效的众筹平台目标迈进。

我们拥有完整的服务链条，为投资者提供优选项目，协助做好项目的严格筛选和尽调，成为杰出投资人实现价值的舞台。

同筹荟正在成为行业内最具影响力的品牌。目前，同筹荟"汇聚推荐机构、推荐人、渠道运营商计划"已经开始。

同筹荟自众筹：

什么互联网金融融资方式最火？众筹。

众筹融资最顺应什么政策号召？创新。

什么最契合众筹以及政策精神？创业。

2014年11月19日，国务院总理李克强主持召开国务院常务会议，决定进一步采取有力措施，缓解企业融资成本高的问题。会议指出，要"建立资本市场小额再融资快速机制，开展股权众筹融资试点"。业内人士表示，中国股权众筹的发展将迎来新的机遇。

中小企业融资难、融资贵一直是历史性难题，随着近几年互联网金融的发展，企业融资渠道和方式也日益多样化。以为中小微企业及个人提供股权众筹与产品众筹为己任的众筹平台——同筹荟也迎来了美好的发展前景，具有巨大的发展潜力。

就像那句话所说，"如果我看得更远，那是因为我站在巨人的肩膀上"。同筹荟的快速发展也需要像巨人的您的支持和帮助。在互联网金融的浪潮下，为了让更多的领投人一起参与到同筹荟这个平台，一起拥有同筹荟，扩大同筹荟的价值与影响力，我们也邀请券商为同筹荟的价值做专业评估。

同筹荟众筹筹领投人、券商的实质并不是为了筹钱，而是为了筹人气、筹智慧、筹资源。让"巨人"带动同筹荟的活力，同筹荟就能站在"巨人"的肩膀上带动上海的股权众筹的活力，从而完成帮助中小微企业融资、帮助投资人发现更优秀的项目与企业的使命。

招募细则：

募集人数：50人。

领头人要求：有基金管理经验，成功投资5个以上项目。

股东认购要求：在同筹荟平台领投项目1次以上，参与项目跟投3次以上。

众筹回报：开放购买1000万人民币股份，最多认购20000股/位，股价为由知名券商估值的折扣价。

同筹荟-圣地亚项目路演现场，同筹荟李波博士后正在为大家演讲

同筹荟-圣地亚项目路演现场

同筹荟-圣地亚项目认购现场

同筹荟–圣地亚项目路演现场，同筹荟丁总正在做演讲

同筹荟与上海交大MBA同学会的合作签约仪式

同筹荟与上海交大MBA同学会的合作签约仪式合照

同筹荟，汇聚全球财智，共享精彩梦想！

参考文献

1. 保定金融高等专科学校课题组. 经理股票期权制度在非上市公司的应用〔J〕. 金融教学与研究, 2004（2）：18~20

2. 北京市道可特律师事务所, 道可特投资管理（北京）有限公司. 直击新三板〔M〕. 北京：中信出版社, 2010

3. 滨田道代, 吴志攀. 公司治理与资本市场监管：比较与借鉴〔M〕. 北京：北京大学出版社, 2003

4. 布莱恩·R. 柴芬斯. 公司法：理论、结构和运作〔M〕, 林华伟, 魏旻译. 北京：法律出版社, 2001

5. 蔡国喜, 徐光. 金融危机下关于我国场外金融衍生产品市场发展的思考〔J〕. 中国货币市场, 2009（12）：31~37

6. 蔡莉. 股权、产权流动信息披露探讨〔J〕. 中国经贸导刊, 2010（16）

7. 蔡双立, 张元萍. 基于资本市场多层次框架下OTC市场的构建：美国的经验及其对中国的借鉴〔J〕. 中央财经大学学报, 2008（4）：35~41

8. 重光律师事务所. 登陆新三板：开户中小企业融资新纪元〔M〕. 北京：法律出版社, 2013

9. 陈欣. 美国金融改革方案对金融衍生品市场的监管反思

〔J〕. 河北法学, 2009, 27（11）：38～42

10. 陈宗胜, 沈扬扬. 有效监管与私募股权基金的发展〔J〕.
中国金融, 2010（17）：75～76

11. 邓峰. 中国公司治理路径的依赖〔J〕. 中外法学, 2008
（1）：58～65

12. 邓汉慧, 张子刚. 企业核心利益相关者共同治理模式〔J〕.
科研管理, 2006, 27（1）：85～90

13. 法律考试中心. 国家司法考试历年真题汇编大全（模测版）
〔M〕. 北京：法律出版社, 2014

14. 范建, 王建文. 公司法, 2版〔M〕. 北京：法律出版社,
2008

15. 傅明. 非上市公司如何设立独董〔J〕. 上海国资, 2008
（8）：68

16. 高峦. 中国场外交易市场发展报告（2009～2010）〔M〕.
北京：社会科学文献出版社, 2009

17. 过文俊. 台湾发展场外交易市场的经验及其对大陆的启示
〔J〕. 当代亚太, 2005（12）

18. 郭燕琳. 我国上市公司治理法律制度缺陷分析〔J〕. 法制
与社会, 2008（10）

19. 国浩律师集团事务所. 新业务与新视角：金融证券律师实务
〔M〕. 北京：法律出版社, 2005

20. 韩贵义. 我国国有企业公司治理诊断模型与评价研究〔J〕.
中国科技论坛, 2010（10）：62～66

21. 何维玲, 李培民, 宋琦, 李山. 公开募股非上市公司的监

管对策研究〔N〕．西南民族大学学报（人文社科版），2004，25
（5）：153～155

22．何自力．比较制度经济学〔M〕．北京：高等教育出版社，
2007

23．侯水平，周中举，王远胜．非上市公司：问题与对策．天府
新论，2007（1）

24．黄建华，徐达，银路．股份期权——我国股权激励的一种可
行形式〔J〕．统计与决策，2005（3）：105～106

25．黄世忠，张胜芳，叶丰滢．会计舞弊之反思：世界通信公
司治理、会计舞弊和审计失败剖析〔M〕．辽宁：东北财经大学出版
社，2004

26．黄修寅．非上市公司也应建立独立董事制度〔J〕．浙江财税
与会计，2002（8）：28

27．蒋琰．论以投资者保护为出发点的公司治理结构选择〔J〕．
当代财经，2004（3）：63～67

28．晋入勤．论股票场外交易市场制度的构建原则〔J〕．金融
教学与研究，2009（6）：57～62

29．晋入勤．股票场外交易市场的制度构建应遵循五项原则
〔J〕．财务会计（理财版），2010，32（3）：82～85

30．兰春华．股权激励是否普遍适用——与非上市公司相关的方
案设计和分析〔J〕．经营管理者，2003（3）：27～28

31．李波，冯革．知识性服务业的产业生态〔M〕．上海：上海
人民出版社，2006

32．李波，冯革，徐萍．项目融资管理〔M〕．上海：上海交通

大学出版社，2010

    33. 李波，李劲松，姚荣武. 资本天道之掘金OTC〔M〕. 香港：邦盟汇骏创意有限公司，2014

    34. 理查德·T. 德·乔治. 经济伦理学，5版〔M〕. 李布译. 北京：北京大学出版社，2002

    35. 李东升. 中国企业治理转型的演进路径研究〔N〕. 首都经济贸易大学学报，2010（2）：54~58

    36. 李敦黎. 信息、公司治理结构与制度多样性——论青木昌彦的公司治理结构理论〔J〕. 浙江社会科学，2003（6）：49~52

    37. 李建伟，潘巧红. 英美非上市公众公司信息披露制度及其启示〔N〕. 中州大学学报，2010，27（4）：1~5

    38. 李建伟，姚晋升. 非上市公众公司信息披露制度及其完善〔N〕. 证券市场导报，2009（12）：54~59

    39. 李金凤，王轶楠，雷禹. 基于多层次资本市场框架构建中国OTC市场〔N〕. 中央财经大学学报，2010（2）

    40. 李强. 法律、制度与上市公司最佳股权结构〔J〕. 财贸研究，2008（3）：79~85

    41. 李若山，周勤业，方军雄. 注册会计师：经济警察吗〔M〕. 北京：中国财政经济出版社，2003

    42. 李太勇. 美国电子通讯网络（ECNs）的发展状况及对证券交易市场的影响〔J〕. 国际金融研究，2002（4）：74~77

    43. 李维安. 公司治理：规则　合规　问责〔J〕. 企业家信息，2007（9）：1

    44. 李维安. 证券交易市场自身首先要构建现代治理结构〔J〕.

南开管理评论，2008（2）

45．李维安．公司治理学，2版〔M〕．北京：高等教育出版社，2009

46．李维安．公司治理评论〔M〕．北京：经济科学出版社，2009

47．李维安．突破外部治理困境：长效制度建设是关键〔J〕．南开管理评论，2009，12（2）

48．李维安，张国萍．经理层治理评价指数与相关绩效的实证研究——基于中国上市公司治理评价的研究〔J〕．经济研究，2005（11）：87～98

49．李维安，张国萍．公司治理评价指数：解析中国公司治理现状与走势〔J〕．经济理论与经济管理，2005（9）：58～64

50．李维安，唐跃军．上市公司利益相关者治理评价及实证研究〔N〕．证券市场导报，2005（3）

51．李维安，牛建波．中国上市公司经理层治理评价与实证研究〔J〕．中国工业经济，2004（9）：57～64

52．李维安，邱艾超，牛建波，徐业坤．公司治理研究的新进展：国际趋势与中国模式〔J〕．南开管理评论，2010，13（6）：13～24

53．李文涛．私募以有限合伙基金法律制度研究：以物权分析为视角〔M〕．北京：知识产权出版社，2009

54．林建．纳斯达克的超级蒙太奇〔J〕．IT经理世界，2003（5）

55．刘春长．中国证券市场监管制度及其变迁研究〔M〕．北

京：中国金融出版社，2010

56. 刘金友. 证据法案例教程〔M〕. 北京：知识产权出版社，
2005

57. 刘俊海. 证券交易所的公司化趋势及其对中国的启示〔N〕.
甘肃政法学院学报，2005（7）：24～33

58. 刘姝威. 上市公司虚假会计报表识别技术〔M〕. 北京：经
济科学出版社，2002年

59. 刘星，薛宇. 股权结构对公司外部治理的影响分析〔N〕.
重庆大学学报（自然科学版），2004，27（11）：112～115

60. 刘文献. 解放众筹〔M〕. 北京：中国财政经济出版社，
2015

61. 卢文浩. 抢占新三板：新政解读与案例集锦〔M〕. 北京：
中国经济出版社，2013

62. 鲁阳. 非上市公司股权转让场所应定位在产权市场〔J〕. 产
权导刊，2006（2）：23

63. 卢紫珺. 优化我国场外交易市场监管的探讨〔J〕. 特区经
济，2010（8）：115～116

64. 罗伯特·W. 汉密尔顿. 公司法概要〔M〕. 李存捧译. 北
京：中国社会科学出版社，1999

65. 罗培新. 美国公司治理评级的法律与政策之反思——兼及对
我国公司治理法律制度的影响〔J〕. 法学，2009（11）：41～57

66. 吕厚军. 私募股权基金治理中的反向代理问题研究〔J〕. 现
代管理科学，2007（12）：112～114

67. 吕秀芝. 公司治理框架下的内部控制研究〔J〕. 当代经济研

究，2010（7）：68～70

68. 马连福，张耀伟. 董事会治理评价指数实证研究〔J〕. 经济与管理研究，2004（5）：45～50

69. 米哈乌·费德罗维奇，鲁特·V. 阿吉莱拉. 转型经济和政治环境下的公司治理：制度变革的路径〔M〕. 罗培新译. 北京：北京大学出版社，2007

70. 南开大学公司治理评价课题组. 中国上市公司治理状况评价研究——来自2008年1127家上市公司的数据〔J〕. 管理世界，2010（1）：142～151

71. 牛建波，李胜楠. 对公司治理评价的评价〔J〕. 财经科学，2004（2）：22～26

72. 任胜利. 对非上市公司股权流转的监管模式研究（上）〔J〕. 产权导刊，2008（1）：45～47

73. 任胜利. 对非上市公司股权流转的监管模式研究（下）〔J〕. 产权导刊，2008（2）：46～48

74. 任胜利，黄卓. 非上市公司股权转让的制度安排〔J〕. 产权导刊，2006（6）：28

75. 施东晖，司徒大年. 值得企业家关注的公司治理评价体系〔J〕. 国际经济评论，2003（3）：53～56

76. 苏凌，王新环. 无罪案件研究〔M〕. 北京：中国检察出版社，2006

77. 深圳证券交易所创业企业培训中心. 中小企业股票发行上市回答，2版〔G〕. 深圳证券交易所，2007

78. 申林平，刑会强. 中小微企业境内上市法律实务〔M〕. 北

京：法律出版社，2007

79．谭燕芝，熊慧，颜霁．国际金融衍生品交易机构投资者的内部治理〔J〕．湘潭大学学报（哲学社会科学版），2008，32（1）：76~80

80．唐跃军，张贻燊．利益相关者治理评价和治理指数——基于中国最具价值上市公司评价〔J〕．证券市场导报，2007（5）：63~71

81．万国华．国有企业监事会机制的市场化构建．见：方向．社会主义市场经济法律制度研究〔M〕．北京：中国方正出版社，2005

82．万国华．张小芳．从公司治理法律制度角度探寻反商业贿赂路径〔N〕．南开学报（哲学社会科学版），2006（5）：1~8

83．万国华．原俊婧．论破解公司僵局之路径选择及其对公司治理的影响——兼论新《公司法》第75条和第183条之公司治理解读〔J〕．河北法学，2007（4）：120~125

84．万国华．国企整体上市中出资人监督机制应解决的几个问题〔J〕．经济与管理研究，2010（1）：79~83

85．万国华．证券法学〔M〕．北京：清华大学出版社，2010

86．万国华．我国OTC市场准入与监管制度研究：基于非上市公司治理视角〔M〕．北京：人民出版社，2012

87．万国华．有限合伙制私募股权基金公司治理的法律机制构建——基于中小投资者利益保护的视角〔J〕．长江论坛，2012（2）：127~131

88．万国华，刘晓逾．从公司治理视角看IMF机制改革——以国际金融危机为背景〔J〕．公司治理评论，2010，2（3）

89. 万国华，王玲. 中国OTC治理缺位〔J〕. 董事会，2011（1）：84～85

90. 王保树. 从法条的公司法到实践的公司法〔J〕. 法学研究，2006（6）

91. 王保树. 非上市公司的公司治理实践：现状与期待——公司治理问卷调查分析〔J〕. 当代法学，2008，2（4）

92. 王保树，崔勤之. 中国公司法原理（最新修订第三版）〔M〕. 北京：社会科学文献出版社，2006

93. 王丽敏，王世权. 中国民营上市公司监事会治理评价及实证分析〔J〕. 经济问题探索，2007（11）：120～123

94. 王荣珍. 民营企业公司治理结构的规范与公司法的修改〔J〕. 江西社会科学，2004（2）：148～150

95. 王申. 中国法学会民法学经济法学研究会2000年年会综述〔J〕. 中国法学，2000（11）：59

96. 魏来. 玩转众筹〔M〕. 北京：机械工业出版社，2014

97. 韦国宇. 论我国产权交易市场对非上市公司外部治理机制的支持〔J〕. 企业科技与发展（下半月），2008（9）：263～264

98. 吴淑琨，李有根. 中国上市公司治理评价体系研究〔J〕. 中国软科学，2003（5）：65～69

99. 吴越. 企业集团法理研究〔M〕. 北京：法律出版社，2003

100. 邢会强. 有限合伙制私募股权基金上市的法律问题〔J〕. 中外法学，2010（1）：131～140

101. 徐浩明. 企业上市成功之路——光大证券对IPO审核要点的解读与案例分析〔M〕. 上海：上海人民出版社，2011

102. 徐万忠. 如何评价公司治理绩效〔J〕. 企业文明，2005（4）

103. 徐振斌. 国有股权激励需要解决的几大问题〔J〕. 职业，2006（3）：34～35

104. 宣伟华. 虚假陈述民事赔偿与投资者权益保护〔M〕. 北京：法律出版社，2003

105. 杨涤. 股权托管为非上市公司股权流动提供规范服务〔J〕. 产权导刊，2005（3）：22

106. 杨东，苏伦嘎. 股权众筹平台的运营模式及风险防范〔N〕. 国家检察官学院学报，2014（4）：157～168

107. 叶陈刚，王海菲. 公司内部治理质量与内部控制互动性研究〔J〕. 经济与管理研究，2010（8）：22～27

108. 伊夫·居荣. 法国商法〔M〕. 罗结珍，赵海峰译. 北京：法律出版社，2004

109. 于朝. 司法会计学（修订版）〔M〕. 北京：中国检察出版社，2004

110. 袁建岐. 加强对非上市股份公司监管的思考〔N〕. 陕西省行政学院陕西省经济管理干部学院学报，2002，16（1）：61～63

111. 袁鲲，段军山. 海外交易所衍生产品市场的发展态势及经验借鉴〔J〕. 南方金融，2010（2）：55～58

112. 张朝阳. 强化董事管理和国有非上市公司董事会职能〔J〕. 现代企业，2010（7）：36～37

113. 张国峰. 走向资本市场：企业上市尽职调查与疑难问题剖析〔M〕. 北京：法律出版社，2013

114. 张辉. 从资本市场看公司治理法制的趋同现象〔N〕. 西南民族大学学报（人文社科版），2008（6）：134~137

115. 张连起. 左数字 右人文〔M〕. 北京：中国财政经济出版社，2006

116. 张小凤. 国有非上市公司实行股票期权激励的制度环境和障碍〔J〕. 经济研究参考，2006（95）：25

117. 张新，朱武祥. 证券监管的经济学分析〔M〕. 上海：上海三联书店，2008

118. 张艳伟. 创业板上市审核与保荐重点〔M〕. 北京：中国法制出版社，2011

119. 张运生，曾德明，欧阳慧，张利飞. 中国上市公司高层管理团队治理评价研究〔J〕. 财经研究，2005，31（3）：27~36

120. 张宗新，徐冰玉. 上海场外交易市场（OTC）发展模式与路径研究〔J〕. 上海金融，2010（1）：50~54

121. 赵晓丽，邓荣霖. 交易成本经济学理论与企业的制度变迁〔J〕. 经济问题，2006（11）：1~3

122. 中山大学管理学院课题组. 控股股东性质与公司治理结构安排——来自珠江三角洲地区非上市公司的经验证据〔J〕. 管理世界，2008（6）：118~126

123. 周江洪，范晓宇. 构建有效的中国公司治理结构——从法学与经济学的角度考察〔N〕. 兰州大学学报（社会科学版），2001，29（4）：105~111

124. 周茂清. 我国非上市公司的产权交易〔J〕. 当代财经，2003（12）：11~14

125. 朱民. 危机后的全球金融格局十大变化〔J〕. 国际金融研究，2010（1）：16～22

126. 邹德文，张家峰，陈要军. 中国资本市场的多层次选择与创新〔M〕. 北京：人民出版社，2006

参考网站：

春晖投行在线：http：//www.shenchunhui.com

巨潮资讯网：http：//www.cninfo.com.cn

上海证券交易所官方网站：http：//www.sse.com.cn

深圳证券交易所官方网站：http：//www.szse.cn

钛媒体：http：//www.tmtpost.com

同筹荟：http：//www.tongchouhui.com

投行先锋：http：//www.touhangbbs.cn

中国职务犯罪律师网：http：//www.zwfzlsw.com

中国证券监督管理委员会官方网站：http：//www.csrc.gov.cn

感谢以上提供文献的书籍、刊物与网页，以及参与本书编写的伙伴们。

后 记

　　在这本书即将结尾的时候，我们不禁想，关于梦想、关于财富、关于分享，我们依旧有很多的困惑以及不解。

　　上天赐予我们财富，赐予我们方向，赐予我们机遇，然而并不是每一个人都会在最最需要的时候有幸运之神的垂青，那么如何更好地帮助这些需要帮助的人？毫无疑问，众筹是这个时代下应运而生无可替代的方法以及实践的法宝。我们纵观历史，无论是古代修建寺庙，是美国自由女神像基座建造，还是1972年亚历山大·蒲柏翻译《伊利亚特》，都是集聚了很多人的力量，包括黑人、白人、黄种人。不管在世界的哪个角落，众筹都实实在在地在我们身边发生着，推开了一扇众筹历史的大门。自ArtistShare（世界上第一个众筹网站）、Kickstarer（美国企业筹资众筹网站）等等网站的鼠标点击声拉开了异彩纷呈的互联网众筹的序幕至今，股权众筹的发展已把这场盛宴推向了更高潮，开启了一个全新的时代。

　　众筹虽然只是经历了非常短暂的发展初期，却已经站在了风口浪尖，得到了全世界极大的关注和期望。展望未来可以预见，众筹发展到中期时，会有更多的可能性让这个世界惊艳，可以撼动传统行业，会有更加深远的影响，改变我们的世界。

　　然而，众筹正处于快速发展的初期阶段，在这一阶段里，众筹在中国正经历并面临着更加严峻的挑战，前途虽然光明，但是充满了各种未知和不确定。我们作为实践者，如何带着梦想与更多人在众筹之路上更好地前行？

我们要解决几个问题——

第一个问题是：众筹平台的作用究竟是什么。

目前市面上我们能看到的有两种形式，首先是传统的电子信息交互交易的中介，其次是传统的股权众筹平台。我们认为，众筹平台上有四种角色，起到四种不同的作用，这些角色缺一不可。平台像一个大的机器，这四轮相互作用，相辅相成。第一种角色是领投人，即具备领投能力和项目挖掘能力的VC或者基金管理人，平台上大大小小的股权众筹，其实就是需要有经验的领投人去帮助创业团队管理和成长；第二种角色是项目融资方，经过专业的辅导，对于企业的发展战略能给予合适的指导和配套的服务，同时筹集项目本身所需资金之外的市场、渠道等等资源；第三种角色是广大的投资人，投资人全程了解和参与项目投资的过程，及时了解项目的进展和风险的管控；第四种角色是平台本身，一个平台不但要具备严格的项目筛选机制，要有专业的辅导功能，还要有公开、公正、透明、高效的对接服务，可以针对参与各方提供持续、专业的投前和投后法律以及风险控制的服务，同时也是一个项目推广的小喇叭，不拘泥于任何一种推广形式，只要能够有效发挥平台的作用，不管是黑猫白猫，只要能抓住老鼠的就是好猫。

第二个问题是：一个项目线上融资完成，下一步是什么。

这也是无数项目融资方经常问我的问题。对于一个项目，国内的众筹平台一般有两种模式：第一种模式是投资人存钱到平台的账户，然后提交指令直接划拨；第二种模式是像类似同筹荟这样的平台协助领投人进行尽职调查，进行实地勘察，签订具体协议，跟投人打款到平台监管账户，平台协助融资方成立有限合伙企业，最终打款到指定监管的银行账户，进入投后管理。对于前面的第一种模式，我个人认为作为一个众筹的平台，对风险的把控和保证资金的安全是第一件要对投资人负责的事情，所有的投资人一定要慎之又慎，选择合适合理的平台。第二种模式，是相对来说更加安全稳妥，也是最常见的一种模式。风险控制、尽职调查是领投人如项目平台必须要做的功课，但是对于投资人也是一个漫长的、仔细的学习过程，需要时刻意识到"凡投资必然有风险"这句话的真正含义。毕竟初期项目不是每一个都会成功，不是每一个都会有丰硕的回报。每一个投资人都要学会谨慎地、客观地审视每一个项目的潜在市场、切入市场的方式，以及项目团队的情况，做足功课再下手投资也不晚。

最后一个问题是：平台的投后究竟如何去做，我需要做什么。

我们都希望融资成功的项目可以实现梦想，最终能够有机会去美国纳斯达克敲响钟声。绝大多数情况下，投资人希望能在预期的时间内获得丰硕的回报，让自己全身而退。其实企业本身需要的不单单是投前的支持，更需要的是投后源源不断的支持，不管是经验支持，还是切入市场、引入优秀的人员，并且开展A轮、B轮等等后续融资。那么平台都能负担吗？

这里我们认为有几个比较重要的问题：

第一，现在我们看到的绝大多数的众筹平台，如大家投、天使汇等等大多是完成项目融资后，需要领投人和投资人共同为项目做功课，这个功课可能需要三年也可能需要五年，但是我们有什么办法可以尽量完善这一种模式呢？比如国内有一小部分平台正在积极地解决这一问题，像同筹荟这样的平台，选择的项目是上海股权交易中心Q版以上企业，引入第一批融资后很大一部分项目进入了E版或者创业板，为所有的投资人提供了退出的通道，让企业得到更高一层面的提升和发展。

第二，投资人的风险教育是必须进行的，例如，国内绝大多数的投资人都知道股市是高风险的，其实股权融资也是一样的道理。眼下，新三板市场的全线飘红，也确实吸引了很多投资人的目光，因为股权众筹新三板以前的优秀企业和项目依然很多，无论从市场的增长速度还是增长的空间来看，都有足够的理由让股权众筹平台成为下一个市场关注的热点。然而成功的投资不但是科学，更是一种艺术，就像巴菲特所说："从不投资自己不懂的公司。"

每一个人都希望可以自由，可以财务自由、人生自由，免于被奴役、被伤害，可以实现自我的价值。投资也是一样的道理，投资者想要在众筹的时代成为一个成功的投资者，需要的有很多，包括足够的耐心、勤奋努力、专注、坚持原则、正确的投资风险管理等等，需要具备的一样都不能缺少。

虽然众筹在中国的发展刚刚开始，但是据中国电子商务研究中心（100EC.CN）监测数据显示，2014年上半年中国众筹行业募集总金额1.88亿元，其中有1.56亿元来自股权众筹；仅仅2014年5月份，国内各众筹平台共募集资金总额约2053.67万元，股权类众筹平台筹资金额约为1112万元，奖励类众筹平台筹资金额约940.67万元，分别占比54.15%和45.85%。据该中心监测数据显示，2025年全球众筹市场规模将达到3000亿美元，发展中国家将达到960亿美元，其中有500亿美元在中国。

由此可见，众筹在中国的发展大潮已经势不可挡地奔涌而来。我们作为领路人，希望可以点亮一个又一个梦想之星，抬头仰望星空的时候，星空璀璨无比。我们也希望人人可以实现财务自由，实现人类关于生而平等的终极梦想。众筹时代是人类文明发展史上注定产生的新时代，一定会带领人们创造出不一样的智慧，分享更多的财富，带领大家迎接新的世界！

最后，本书的编者们在编写过程中，参阅了大量书籍和资料，其中也包括网络资源，从中学习和借鉴了很多有价值的知识，再次向相关作者表示感谢。同时，由于本书编者系利用业余时间编写，时间较仓促，未能逐一引述有关观点出处，请给予谅解。另受本书编者水平及时间所限，本书编写中出现的错漏之处，还望各位专家和读者给予批评指正，谢谢！

丁婕

2015年4月13日　星期一

同筹荟《资本天道——众筹的力量》创作伙伴们的合照

众筹绝不仅仅拓展了企业融资的一种可能，而且激活了互联网时代，金融领域万众协同、共享的热情。

——同筹荟COO张弛

图书在版编目（CIP）数据

资本天道：众筹的力量 / 李波，丁婕主编. —— 南昌：百花洲文艺出版社，
2015.6
ISBN 978-7-5500-1422-0

Ⅰ.①资… Ⅱ.①李…②丁… Ⅲ.①融资模式 – 研究 Ⅳ.①F830.45

中国版本图书馆CIP数据核字(2015)第113683号

资本天道：众筹的力量

李 波 丁 婕 主编

出 版 人	姚雪雪	
责任编辑	游灵通	
书籍装帧	张诗思	
制 作	周璐敏	
出版发行	百花洲文艺出版社	
社 址	南昌市红谷滩新区世贸路898号博能中心9楼	
邮 编	330038	
经 销	全国新华书店	
印 刷	江西千叶彩印有限公司	
开 本	850mm×1168mm 1/16	印张 13.75
版 次	2015年7月第1版第1次印刷	
字 数	150千字	
书 号	ISBN 978-7-5500-1422-0	
定 价	38.00元	

赣版权登字 05-2015-237

邮购联系 0791-86895108
网 址 http://www.bhzwy.com
图书若有印装错误，影响阅读，可向承印厂联系调换。